김용대

1936년 김해에서 태어나 부산대학교 법학과, 연세대학교 경영대학원을 졸업하고, 민주공화당 김택수 국회의원 보좌관을 거쳐 대한주택공사에 근무했다. 1968년 한일카피트판매(주)를 창업한 이후 동방그룹의 많은 기업을 경영해 왔으며, 인산장학문화재단을 설립하고 한국항만운송협회장을 지냈으며 현재는 동방그룹 명예회장으로 있다.

김용대,
나이 90에
나라와 후대를
걱정하다

김용대,
나이 90에
나라와 후대를
걱정하다

김용대 지음

인연,
나는 그것에 의지해서
살아올 수 있었고,
살아갈 수 있다고 믿는다.

역사
공간

기나긴 세월 동안 사랑과 열정으로

동방그룹을 일궈온 동방 가족과 저를 아껴주신 분들,

그리고

우리나라를 행복하게 만들어 가고 싶은 분들께

이 책을 바칩니다.

프롤로그

후대의 발부리에
작은 힘이라도 보탤 수 있기를

어느덧 살아온 세월이 90 성상에 이르렀다. 그동안 실로 많은 일들이 있었다. 정치·사회적으로 보자면 일제강점기, 정부수립, 한국전쟁, 산업화, 민주화, 글로벌화, 디지털화, 인공지능, 그리고 이제는 제4차 산업혁명시대라고 한다. 개인적으로 보자면, 아버지와 어머니, 누님과 형님, 또 그 가족들 그리고 그 밖의 인연들과 도모했던 수많은 일들이 있었다.

그동안 설립했거나 인수한 회사가 30여 개다. 그 과정에서 도전의 설렘과 성취의 기쁨을 여러 번 맛보았다. 하지만, 진퇴양난에 빠져 고뇌하거나 거대한 장벽에 막혀 좌절한 적도 한두 번이 아니었다. 자신이 없다는 것은 두렵다는 것이다. 이 두려움을 극복하고 앞으로 나아갈 수 있게 해준 것이 인연이었다.

구체적으로 말하면 인정, 우정, 연민의 정이라는 세 가지의 '정情'을 바탕으로 혈연, 지연, 학연이라는 세 가지의 '인연因緣'인데, 이렇게 내 인생의 전부나 마찬가지였던 인연들을 한 분씩, 한 분씩 호명해 보고 싶었다. 그것을 기록하며 고마움을 되새겨보고 싶었다. 또한 나의 무지와 미망迷妄, 욕심 때문에 그르친 일에 대하여 반추해 보고 싶었다. 그리고 내가 평생 추구했던 가치가 무엇이었는지 되짚어보고 싶었다.

소크라테스의 말처럼 성찰 없는 삶은 무의미하다. 지나온 인생을 성찰해 보는 과정은 조물주가 내게 내려준 그릇, 그동안 채워왔던 그 그릇을 역으로 비워내는 일일 것이다. 살아오면서 잘한 일도 많지만 오판했거나 결과가 좋지 못했던 경우도 여럿 있었다. 한 인간으로서, 한 기업가로서 일을 기획하고 실행하면서 겪었던 이러한 과정들을 간추려 이 책의 제1~4부를 구성하였다.

나이가 들면 저절로 생겨나는 것이 나라 걱정이다. 내가 오늘날까지 60여 년 기업을 경영하며 살아올 수 있었던 것은 우리나라 대한민국이 있었기 때문이다. 그런데 작금의 정치와 기업을 보면 국가의 미래가 사뭇 걱정된다. 뭔가 혼란스럽고 불안하다. 정치는 보수와 진보로 양분되어 소통과 협치協治는커녕 품격마저도 찾아볼 수 없는 삼류로 전락하였다. 부자들은 점점 더 부자가 되면서도 어려운 처지의 사람들에게 무관심하다.

　우리는 사회적 관계 속에서 살아가므로 여러 공동체에 속해 있다. 가정, 학교, 직장, 지역사회, 국가에 소속되어 있고, 크게는 세계의 시민으로서 의무를 다하고 권리를 누리면서 살아간다. 또한 경제의 주체로서 생산과 소비라는 경제활동을 수행하며 자기의 행복을 추구한다.

　그런데 국가 경제가 발전할수록, GDP가 높아질수록 불평등이 심해지고 있다. 특히 IMF 금융위기 이후 각 분야에서 양극화가 더욱 심해지고 있다. 함께 살아야 할 구성원들이 '함께'를 버리고 '각자도생'의 길을 걷고 있는 것이다. 물론 이것은 우리가 선택한 민주주의와 자본주의의 숙명일지도 모른다. 그러나 이 한계를 넘어서야 공존공영共存共榮의 길이 나타나고, 우리의 미래를 만들어 갈 수 있다.

정치란 구성원들이 상호 존중과 조화를 통해 정치적 차별 없이 공동체의 안정을 추구할 수 있도록 해야 한다. 이를 위해서 정치인과 고위 공직자는 도덕적인 품성을 갖춰야 한다. 특히 청렴성이 가장 중요한 덕목이라고 본다. 기업은 자본과 노동력을 결합하여 경제활동을 통해 경제적인 부를 창출하는 조직이다. 이 과정에서 기업인은 사회적 책임을 다해야 한다. 특히 기부와 같은 경제적 나눔을 통해 공동체의 경제적 불평등 해소에 기여해야 한다.

그리고 민주주의 체제에서는 국민이 나라의 주인이다. 그동안 우리 국민은 의무만을 다하라고 배웠고, 그렇게 해왔다. 이것은 진정한 주인이 아니라고 본다. 주인은 권리를 행사할 줄 알아야 한다. 사회 지도층이 역할을 제대로 하는지 늘 지켜보고 평가할 수 있는 권리가 있다는 것을 자각하고 행동할 수 있어야 한다. 이러한 정치인과 고위 공직자, 기업인, 국민들이 많아질 때 비로소 우리는 다 함께 어우러져 살아갈 수 있는 지속 가능한 미래를 꿈꿀 수 있다.

고대 로마의 지성인 키케로는 노년을 '배의 키잡이'에 비유하면서, "큰일은 체력이나 신체의 민첩성이 아니라 계획과 명망과 판단력에 따라 이루어지며, 이러한 자질은 노년이 되면 줄어들지 않고 오히려 늘어난다."라고 했다.

    키케로의 말처럼 내가 90을 살았다고 해서 대단한 통찰력을 가지고 있다는 말은 아니다. 다만, 너무나 걱정이 앞서서 이 나라를 이끌어가는 정치인, 고위공직자, 기업인들에게 부탁하고 읍소해 보자는 심정으로, 그리고 국민들께는 당부하는 마음으로 이 책의 제5부를 구성해 보았다. 아무리 어려운 환경에 처해 있더라도 우리가 각자의 자리에서 노력하면 우리 후배들이, 자손들이 지금보다 더 행복하게 살 수 있는 나라를 만들 수 있다고 믿는다.

2024년 10월에
김용대 씀

차례

프롤로그 후대의 발부리에
작은 힘이라도 보탤 수 있기를   6

제1부   가난, 방황 그리고 대학 진학
　　　1. 유복자로 태어나다   17
　　　2. 한국전쟁, 절망을 보다   26
　　　3. 호기심 많은 소년   33
　　　4. 고학의 길, 대학 시절   40

제2부   열정으로 도전하다
　　　1. 국회의원 보좌관으로 사회에 첫발   53
　　　2. 한일카피트판매 창업, 사업가로 변신하다   63
　　　3. 우연이 필연으로, 박태준 사장님   70
　　　4. 고향 사랑을 실천하다   78
　　　5. 운명이 된 동방운수창고와 국제방직   85
　　　6. 중화학공업 입국과 동방금속공업   101
　　　7. 소중한 인연들과 인산장학문화재단   110

제3부   거침없는 융성의 시대
　　　1. 큰 그림, 동방그룹 출범   137
　　　2. 경영철학을 새롭게 세우다   139
　　　3. 한국 최초의 방직업 해외 진출, 심양동방방직   145
　　　4. 최장수 한국항만운송협회장   157
　　　5. 마포대로 시대, 사옥을 짓다   164
　　　6. 뼈아픈 패착, 동방마트 창업과 부림개발 인수   169

제4부 절치부심 속에서 찾은 희망

1. IMF 외환위기, 직격탄을 맞다　*185*
2. 묵묵히 성장해온 초중량 물류기업　*192*
3. 동방의 미래　*197*

제5부 더 좋은 나라를 만들어 가기 위한 생각들

1. 욕망과 타락, 종교개혁, 헤겔　*205*
2. 자본주의와 공산주의　*213*
3. 한국인의 분열 DNA와 정치 리더십의 공과　*220*
4. 한국 운동권 세력의 등장　*228*
5. 국가를 위협하는 부정부패　*247*
6. 정치인의 청렴　*261*
7. 기업인의 청렴　*269*

에필로그 국가의 주인은 국민, 국민이 행복한 나라를 만들어 가자　*282*

부록
지은이 연보　*292*
참고자료　*294*

제1부

가난, 방황 그리고 대학 진학

넓은 부산 땅에서 갈 곳이 없었다.
참으로 서러웠다.
눈물이 볼을 타고 흘러내렸다.

한참을 주저앉아 있었는데, 문득 살아야 한다,
이 상황에서 벗어나야 한다는 의지가 생겨났다.
벌떡 일어나서 부산역 일터를 향해 뛰기 시작했다.

1.
유복자로 태어나다

유복자遺腹子라는 말은 아버지의 부재를 의미한다. 아버지가 경제력의 전부였던 시대에는 가난 혹은 고난이라는 말과도 이어진다. 나는 일제가 민족말살정책을 펴던 때인 1936년 6월 14일, 경남 김해시 장유면 내덕리에서 1녀 7남의 막내로 태어났다. 그러나 축복을 받을 만한 상황이 아니었다. 내가 태어나기 3개월 전에 38세를 일기로 아버지께서 돌아가셨기 때문이다.

아버지는 일본에서 대학을 졸업하고 장유면 부면장을 지내신 분이다. 할아버지는 유학자로 김해에서 서당을 열고 후학을 양성하셨고, 그 제자 중에 잘된 사람들이 많아 집에는 손님이 끊이질 않았다고 한다. 언젠가는 할머니가 장대 같은 소낙비가 쏟아져 밭에서 돌아와 보니, 마당에 널어놓았던 곡식이 다 떠내려가고 있었다. 그런데도 할아버지는 아랑곳하지 않고 방안에서 책만 읽고 계셨다고 한다. 할머니로서는 답답할 일이었지만 선비로서, 유학자로서의 기품을 알 수 있는 일화다.

내가 태어나던 날은 비가 억수같이 내렸다고 한다. 어머니가 진통을 시작하자, 누님信子은 내덕리에서 제법 먼 거리였던 장유면 소재지 무계리로 조산원助産員을 부르러 달려갔다. 중간에 큰 하천이 있는데 허리까지 물에 잠길 정도였다고 한다. 조산원 아주머니는 비가 너무 많이 내리니까 우리 집에 오지 않으려고 했는데, 다행히 그 조산원의 남편이 누님을 알아보았다. 그는 아버지의 친구분으로 산업조합 이사장이셨다. 남편에게 등을 떠밀려 조산원이 집을 나서기는 했다. 그러나 누님과 조산원이 우리 집에 도착했을 때에는 어머니는 이미 해산을 하신 후였다.

어머니는 남편을 잃고 쇠약해진 데다 난산까지 하게 되었다. 해산을 도와주러 온 동네 아주머니들은 사경을 헤매는 산모를 살리는 데 정신이 팔렸고, 정작 태어난 아이는 방구석으로 밀쳐 놓았다. 아들이 여섯이나 있는 집에 또 아들이 태어났으니 관심을 크게 두지 않았던 것 같다. 그런데 조산원 아주머니가 방으로 들어서다가 구석에서 울고 있던 나를 발견한 덕분에 내가 살게 되었다고 한다. 조산원 아주머니가 내 생명의 은인인 셈이다.

어머니는 아버지와 동갑이셨는데, 나이 서른여덟에 8남매를 남겨놓고 남편이 떠나갔으니 그 처지가 얼마나 막막했을까! 지금도 그 생각을 하면 가슴이 아프다. 어머니는 내가 다섯 살이 될 때까지 나를 업고 다니실 정도로 애지중지하셨다. 늦둥이에다 유복자라는 것이 가슴 아파서 그리 하신 것 같다. 어느 가을날이었는데, 그날도 어머니는 나를 업고 벼가 익어가는 논두렁 길을 천천히 걸으며 타령을 부르셨다. 그런데 그날 따라 어머니 타령이 너무 애절하게 들려서 나도 모르게 훌쩍거렸던 기억이 아직도 생생하다.

이렇게 다정하시던 어머니가 마흔여섯, 한창 나이에 안타깝게도 세상을 떠나셨다. 1944년, 나는 겨우 아홉 살이었다. 어느 날, 아침이 되었는데 외삼촌이 오셨다. 뭔가 집안 분위기가 심상치 않았다. 그리고 그날 밤 자다가 한밤중에 깼는데, 누님과 둘째 형님이 울고 있었다. 나는 어리둥절하여 처음에는 불이 난 줄 알았다. 그날도 비가 억수로 내렸다. 어머니가 돌아가셨다고 했지만 믿기지가 않았다.

초상을 치르는 동안에는 친척과 문상객들 때문에 어수선하여 어머니가 돌아가셨다는 게 실감이 나질 않았다. 그러다가 가까운 친척들까지 다 자기 집으로 돌아가고 나니 그제서야 어머니의 빈 자리가 느껴졌고 적막감이 밀려왔다. 이제 어머니는 내 곁에 안 계신 거였다. 그 자리를 누님이 한동안 채워 주셨다. 시댁으로 돌아가지 않고 우리 집에 머물며 살림을 꾸려주었다. 그때 누님은 남동생들 뒷바라지하느라 진짜 고생을 많이 하셨다.

이듬해 광복이 되자, 와세다 대학에서 수학하고 일본 해군에 입대했던 큰형님容晳(나보다 열한 살 위)이 귀국했다. 집에는 출가한 누님을 제외한 나머지 형제들이 올망졸망 남아 있는 상황이었다. 큰형님은 귀국 후 대여섯 달 만에 서둘러 결혼식을 올렸다. 동생들을 돌봐야 했기 때문이다. 신부는 큰형님 친구의 동생이었다. 그러나 열여섯 살 맏며느리로는 집안을 추스르기가 어려웠다. 살림이 점점 쪼들리게 되었고, 형들은 각자 살길을 찾아 하나둘씩 집을 떠나갔다. 결국 집에

늘 그리운 아버지와 어머니의 초상

남은 사람은 큰형님 부부와 여섯째 형, 그리고 나였다.

광복 후 한반도는 북위 38도선을 경계로 남북을 미국과 소련이 분할 점령했다. 그리고 반탁과 친탁 운동 등으로 혼란을 겪다가 1948년 5월 남한만 총선거를 실시해 대한민국 정부가 수립된다. 한편 북한에서는 같은 해 9월에 조선민주주의 인민공화국이 수립되었다.

그 와중에 남한에서는 좌익과 우익의 대립이 점차 격화되었다. 당시 일본에서 공부한 식자층들은 마르크스-레닌의 사회주의·공산주의 성향이 강했다. 봉건·제국주의 시대를 대체할 새로운 사상으로 보았기 때문이다. 그러나 민주주의·자본주의를 기반으로 하는 미군정 및 이승만 정권과는 대척점에 서 있었다.

1946년 7월, 이른바 조선공산당 위폐사건이 발생하자 이를 계기로 좌익세력에 대한 탄압이 시작되었다. 미군정이 남로당 핵심간부에 대한 검거령을 내리자 박헌영 등은 9월에 북한으로 탈출한다. 상황이 이렇게 전개되자 남한의 사회주의 지지자들은 활동이 어렵게 되었고 곳곳에서 좌우 진영 간의 충돌이 발생했다. 1947년 3월부터 시작된 제주 4·3사건과 1948년 10월에 발생한 여순 사건 등이 그것이다.

혼란이 심각해지자 반공검사로 이름을 떨치던 오제도 등이 주도해서 좌익들의 전향 유도 및 사상 교화를 목적으로 1949년 6월 '국민보도연맹'이라는 조직을 출범시킨다. 이 조직은 1950년 초까지 불과 6개월 만에 연맹원 수가 30만 명에 이르게 된다. 공무원들의 실적주의로 인해 실제 전향 대상자들뿐만 아니라 일반 농민들까지도 마구잡이로 가입시켰다. 남로당 간부로 활동을 하던 큰형님은 당연히 감시의 대상이었고, 보도연맹에 가입하게 된다.

장유 지역에 보도연맹원이 있는 가족에 대한 처벌 소문이 돌기 시작했다. 그러던 어느 날 큰형님이 어디론가 끌려가서 집단구타를 아주 심하게 당하는 사건이 발생했다. 우리 가족은 내덕리에서 사는 것이 불안해졌다. 당시 명지면장을 하시던 당숙을 찾아가 사정을 말씀드렸더니 명지로 오라고 했다. 우리 가족은 동네 사람들의 눈을 피하기 위해 야밤에 낙동강을 건너 명지면 동리로 이사를 했다. 그리고 당숙의 도움으로 명지에 집과 땅을 마련하고 큰형님은 면사무소에 취직이 되어 명지에 자리를 잡았다. 명지는 섬이어서 모래흙이 대부분이었고 파를 재배해서 먹고사는 곳이었다.

이때 당숙의 자제들인 육촌들과 친해졌고 지금까지도

연락을 하고 지낸다. 그렇지만 그때 나는 갑자기 이사를 하고 보니 고향에 대해 다시 생각하게 됐다. 내덕리 집도 생각 나고 특히 친구들이 그리웠다. 토요일이면 내덕리로 달려가서 친구들과 어울리다가 일요일에 명지로 돌아오곤 했다.

객지생활을 하던 형님들이 그즈음 주말이 되면 가끔씩 명지 본가로 모여들었다. 초등교원양성소를 졸업하고 교편을 잡고 있던 둘째 容珠(이후 평생 교직에 봉사), 육군 헌병이던 셋째 容根, 경남중학교를 고학으로 졸업하고 체신부에 근무하던 넷째 容植(후에 참전했다가 전사), 농사 못 짓겠다고 아버지 유품 시계를 팔아서 대구로 가출했던 다섯째 容埠(참전 후 화랑무공훈장 수훈)였다. 이 형님들이 모여서 술도 마시고 노래도 부르며 형제애를 다졌다. 젊은 청년들이 하도 잘 노니까 동네 사람들이 모여들어 나무 울타리 너머로 집 안 구경을 하기도 했다.

셋째 형님이 주축이 됐다. 그 당시 부산에 주둔하고 있었는데, 군부대가 아무래도 술이나 전투식량 같은 보급품이 많다 보니 그것들을 가져왔다. 그러나 형제들끼리 이렇게 우애를 나누는 호시절은 한국전쟁이 발발하면서 끝이 나고 만다.

1950년 3월, 나는 부산 경남공업중학교에 입학했다. 육군 헌병이던 셋째 형님은 사택 같은 집을 한 채 배정받아 가지고 있었다. 나는 그 집에 기거하며 학교에 다녔다. 그러나 6월 25일에 한국전쟁이 발발하자 그 집이 국가로 징집됐고 나는 명지에 있는 본가로 돌아가야 했다. 부산이라는 도시의 유학생활에 채 적응하지도 못한 상태였고, 전쟁에 대한 공포도 컸다. 내일을 기약할 수 없는 불안한 상황이었고, 모든 것이 뒤죽박죽이었다.

2.
한국전쟁, 절망을 보다

전쟁이 발발하고 며칠 지나지 않았는데, 큰형님이 김해 경찰서에 잡혀 있고, 총살당할 위기에 처했다는 소식이 들려왔다. 참으로 큰일이었다. 열네 살이었지만 내가 움직여야 했다. 여섯째 형容璔은 같이 가자고 할 만한 상태가 아니었다.

여섯째 형은 부산사범학교 3학년이었는데, 사춘기 우울증인지 골방에 틀어박혀 책만 보고 있었다. 공부를 못하게 되면 인생이 필요 없다고 할 정도로 염세주의에 빠져 있었다. 초등학교 6학년 때 학업 우수자로 도지사상도 받고 김해 전체에서 부산사범 합격자가 3명밖에 안 됐는데, 그 안에 들 정도로 동네에서는 어렸을 적부터 천재라는 소릴 들었던 형이다. 나도 '용대'가 아니라 '용락이 동생'이라고 불릴 정도였다. 그랬음에도 어머니가 돌아가셔서 그 보살핌을 받을 수 없다 보니 형님의 증세는 점점 악화되어 갔다. 고향 동네에 가서 친구집에 머물거나 걸식을 하기도 했다. 그때 형님을 잘 돌봐준 친구분과 가족이 계셨는데, 후일 동창회를 통해 연락이 닿아 만나서 그 분들에게 금일봉을 전달하여 나의 고마움을 표하기도 했다.

나는 대전 계룡대 근처에서 헌병 부대장(소위)으로 근무하던 셋째 형님을 찾아 나섰다. 당시에는 전시이기도 했고 대중교통이라는 게 거의 없었다. 걷다가 뛰다가 군용트럭이 오면 얻어타거나 트럭이 커브를 돌 때 속도가 느려지기를 기다렸다가 잽싸게 올라탔다. 집에서 출발한 지 13일 만에 기적적으로 셋째 형님을 만날 수 있었다.

셋째 형님은 군용 지프에 나를 태우고 밤길을 사정없이 달렸다. 목숨이 경각에 달린 일이라 잠시도 지체할 수 없었다. 김해경찰서에 도착해서 한참 동안 실랑이를 벌인 끝에 가까스로 큰형님을 빼낼 수 있었다. 큰형님을 뵈니 몰골이 말이 아니었다. 얼마나 고문을 당했는지 온몸이 피투성이였다.

그후 큰형님은 고문 후유증으로 10여 년 병치레를 하다가 39세를 일기로 타계하신다. 새로운 나라를 열망하던 한 청년이 꿈을 피워보지 못한 채 한 많은 생을 마감한 것이다. 그때 큰형수님은 34세 꽃다운 나이였는데, 개가하지 않고 지금까지 우리 집안을 지켜 주고 계시다.

한국전쟁이 시작되고 불과 한 달여 만에 낙동강 전선까지 북한군이 처내려왔다. 피란민들이 김해지역까지 밀려들었다. 그들은 생면부지의 집을 찾아가 얹혀살기도 하고, 마당이나 길바닥에 멍석 같은 걸 깔고 자거나 살림을 차려도 말릴 수가 없었다. 밀을 삶아서 허기를 달랬으나 굶기를 밥 먹듯 했다. 병에 걸려도 치료조차 제대로 받지 못했다.

1951년 3월, 나는 명지중학교 1학년으로 입학을 한다. 전시였고 가정 형편상 부산 경남공업중학교로 복학할 수가 없었다. 명지중학교에는 2학년으로 갈 수도 있었으나 1학년 공부를 제대로 하지 못한 상태라 1년 후배들과 동급생이 되기로 했다.

전쟁은 계속 되었고, 피란민들도 좀체 줄어들지 않았다. 학교를 다니기는 했어도 '꿈'이라든가 '희망' 같은 단어는 생각조차 할 수 없었다. 살아 있어도 사는 게 아니었다. 큰형님의 좌절을 보면서 더 혼란스러웠다. 산다는 게 뭔지, 이 전쟁통에 어떻게 살아남아야 할지 도무지 갈피를 잡을 수가 없었다. 절망이 저만큼 와 있었다.

하루하루가 힘겨웠다. 내가 왜 김용대로 태어났는지 회의감이 들었다. 차라리 군에 입대해 전선에서 장렬하게 전사하는 게 낫지 않을까 하는 생각이 들기도 했다. 그러다가 사고를 치고 말았다. 수면제를 몰래 사다가 밤중에 한입에 털어 넣은 것이다. 하늘이 도왔는지 나는 다음날까지 죽지 않았고, 아침에 큰형님과 큰형수님에게 발견되어 병원으로 실려 갔다.

그런데 바로 그날 나는 아주 특별한 체험을 하게 된다. 퇴원한 후 집에서 몽롱한 상태로 누워 있는데, 뭔가 거대하면서도 형용할 수 없는 어마어마한 존재가 나타나서 산신령 같은 목소리로 나를 꾸짖었다. '너, 왜 그런 나약한 짓을 했느냐? 정말 죽고 싶으냐? 죽으면 지옥에 떨어진다!'

나는 그 어마어마한 것에 한참 동안 압도되어 있다가 소리를 지르면서 눈을 떴다. 꿈이었다. 심장이 쿵쾅거렸다. 마음이 조금 진정되자 의문이 일었다. 무엇이었을까? 퇴원 후에도 그 신령스러운 소리와 나를 짓누르던 그 힘이 뇌리에서 떠나질 않았다. 궁금증은 점점 커져 갔다.

혹시 예수님이 나타나신 건 아닐까 하는 생각이 들어 학교 근처에 있는 교회 목사님을 찾아갔다. 목사님께 내가 꾼 꿈에 대해 여쭈어 보았다. 그러나 목사님께서는 내 질문에 즉답을 해주지 않으셨다. 대신 기독교가 천지 만물을 창조한 유일신을 모시고 예수 그리스도를 구세주로 믿는 종교라고 자세히 설명해 주셨다. 기독교 관련해서는 그로부터 얼마 후에 우연히 마르틴 루터의 종교개혁에 관한 책을 읽게 되어 신과 인간의 관계를 사람에 따라 다르게 생각한다는 것을 알기도 했다.

목사님으로부터 답을 얻지 못한 나는 그 어마어마한 힘에 대한 궁금증이 더욱 커져만 갔다. 혹시 부처님이셨을까 하는 생각이 들었다. 예전에 어머니 손에 이끌려 가봤던 김해 '은하사'를 찾아가 보기로 했다. 명지에서 80리 정도 떨어진 곳이었는데 걸어서 갔다. 주지 스님이 반갑게 맞아주셨다. 스님께서는 사람은 깨우침을 통해 부처가 될 수 있지만, 부처는 절대자가 될 수 있는 존재가 아니라고 하셨다. 그 말씀이 가슴에 와 닿았다. 스스로 깊이 생각을 하거나 깨닫는다는 것이 뭔지 알 수 있을 것 같았다.

교회에서도 절에서도 시원한 답을 구하지 못한 나는 생각에 생각을 거듭했다. 그러던 어느 날 어렴풋하게나마 정리가 되었다. 내가 경험한 그 어마어마한 힘을 '조물주造物主'라고 믿기로 했다. 전지전능한 조물주, 세상 만물을 창조한 조물주, 모든 인간을 창조하는 조물주, 세상 사람 하나하나를 다 다르게 만들면서 각자 각자에게 임무를 주는 조물주라고 생각하게 됐다. 그리고 그 조물주가 내게 어떤 '계시'를 준 것으로 받아들이기로 했다.

이 사건은 내게 큰 깨달음을 가져다주었다. 주변을 다시 돌아보게 했고, 다시 생각하게 했다. 조물주가 인간을 다 다르게 만든 이유가 있고 내게도 또한 어떤 '소명' 같은 것이 있을 거라는 생각이 들었다. 생각이 여기에 이르자 삶에 대한 욕구가 생겨났다. '그래, 살아보자, 인생을 값지게 살아보자!'라고 속으로 외쳤다. 삶의 의미를 내 나름대로 찾았던 것이다. 아마도 그때 그런 결심을 하지 못했다면 또 죽으려고 했을 것이다.

사람들이 큰일을 도모할 때 꼭 계시 같은 것을 받지는 않는다. 오히려 스스로 그런 계기를 만든다고 하는 편이 맞을 것이다. 나도 그때 죽으려고 했다가 죽지 못했으니까 살아야 할 명분, 계기 같은 게 필요했을 것이라고 생각한다.

이 '조물주 소명론'은 대학을 졸업하고 김택수 국회의원 보좌관으로 취업하여 서울로 상경할 즈음에 어느 정도 정립을 하게 된다. 핵심내용은 이렇다. 조물주는 전 세계 60억 명의 사람들에게 각각 다른 얼굴을 주었듯이 모두 다른 소명을 주었다. 사람들이 그 소명을 달성하면 조물주는 우주 공간에 무한히 존재하는 에너지를 그 사람에게 더 나누어 준다. 가속加速의 원리, 주마가편走馬加鞭의 원리가 작동한다는 것이다.

나는 이 '조물주 소명론'을 계속 발전시키면서 조물주가 준 소명을 달성하기 위해 인간관계에서나 회사 경영을 할 때나 남들과 다른 방법을 찾으려고 노력했다. 그리고 소명의 완수를 통해 더 많은 우주의 에너지를 받아 보다 더 큰 일을 이루려는 목표를 세우고 도전했다. 또한 한평생 기업을 하면서 어려움이 닥칠 때마다 그것을 극복해 내는 철학으로 삼았다. 한편 경영 현장에서 임직원들을 설득할 때 많이 활용한 덕에 이 이론은 '빈 그릇론'이라는 새로운 이름을 얻기도 했다.

3.
호기심 많은 소년

휴전이 되던 해에 나는 중학 과정을 마치고, 1954년 3월, 김해농업고등학교에 진학한다. 누님과 형님들의 도움이 컸다. 숙식은 계속 누님 신세를 졌다. 나보다 열세 살 위인 누님은 부모를 일찍 여읜 막내동생이 안쓰러웠는지 어머니처럼 나를 잘 보살펴 주셨다. 누님 슬하에 조카들이 7남매(6남 1녀)였는데, 나는 이 조카들과 친형제처럼 사이좋게 지냈다.

조카 영희의 회고를 들어보면, 내가 조카들을 자주 모아놓고 책에 나오는 이야기를 이미지가 선명하게 그려질 정도로 아주 실감 나게 들려줘서 즐거웠다고 한다. 그리고 뒷동산 폭포 아래에서 가곡을 불러주기도 하여 조카들이 환호를 했다고 한다. 또한 내가 운동을 좋아해 몸이 제법 괜찮았는데, 내 팔뚝에 여조카들이 철봉처럼 매달리는 놀이도 즐겨 해서 내가 삼촌이 아니라 큰오빠 같은 느낌이었다고 한다. 이렇게 조카들과 친하게 지낸 것은 그 아이들이 귀엽기도 했지만, 아마도 형님들과 살갑게 지내지 못하는 아쉬움을 달래려 한 것이 아니었을까 생각해 본다.

이 시절 내가 독서광이 될 수 있었던 것은 큰형님의 손위 처남이자 친구였던 형 덕분이다. 그분은 김해에서 살다가 전쟁이 난 후 부산으로 가서 영도경찰서 경리과장을 했다. 그리고 겸업으로 서점을 운영하여 나는 이런저런 책을 많이 빌려볼 수 있었다.

당시 김해농고에는 모교 출신 화학교사 한 분이 계셨는데, 이 조○택 선생님이 1학년 첫 시험에서 내게 학년 최고 점수인 96점을 주셨다. 자신감 없던 시골 출신 학생에게는 특별한 선물이었다. 공부에 대한 확실한 동기부여가 됐다. 공부에 자신감이 붙었고, 즐거워졌다. 공부의 재미를 알게 되었던 것이다.

시험 결과를 공개하면서 조 선생님께서는 96점을 준 경위를 말씀하셨는데 뜻밖이었다. 96점을 받은 학생이 나 말고 1명이 더 있었다. 그 친구는 김해농고의 주류였던 김해중학교 출신으로 수재로 이미 알려진 학생이었는데, 그 학생의 답과 내가 쓴 답이 똑같았다고 한다. 그래서 조 선생님은 처음에는 김해 촌동네에서 온 내가 그 친구 답안을 커닝했을 거라고 생각했는데, 풀이과정을 보니 전혀 다르고 더 좋아서 놀랐다고 했다. 그 후 조 선생님은 학생들 앞에서 나를, 배운 것을 잘 응용할 줄 아는 학생이라고 칭찬하시곤 했다.

당시 명지중학교에는 피란 온 선생님들이 많았는데 그중에 실력자들이 있었다. 내게 화학을 가르쳐 준 선생님이 그랬던 거 같다. 그 선생님께 배운 내용을 응용해서 김해농고 화학 시험지를 풀었는데, 김해중학교에서 가르친 방법과는 달랐던 모양이었다. 그런 연유로 나는 다른 선생님들에게도 똑똑한 학생으로 알려지기 시작했다.

조 선생님은 후일 동아대학교 농과대학 학장을 지내셨는데, 나는 학창 시절 고마움을 잊지 않고 있다는 뜻으로 조 선생님을 동방그룹 인산장학문화재단 이사로 위촉하여 활동하시도록 배려하기도 했다.

나는 수업시간에 특이한 질문을 하려고 밤샘을 하기도 했다. 특히 새로 부임하는 선생님의 첫 수업시간을 주 타깃으로 삼았다. 이러한 행동이 선생님들 사이에서도 소문이 나서 신임 선생님들에게는 내가 블랙리스트로 인계인수되었다는 소리를 듣기도 했다.

2학년 1학기 때에는 교장 선생님과 충돌하기도 했다. 당시 학교에서는 재정 사정이 어려우니까 학생들에게 비공식적으로 특별부과금을 내라고 요구했다. 나는 납부를 한 상태였지만 선생님들이 형편이 어려워 납부를 못한 학생들을 비 오는 날 운동장에 모아놓고 닦달하는 것을 보고 화가 났다.

그래서 교장 선생님께 일반등록금이 아닌 특별부과금이 필요하면 학생들을 다그치지 말고 금액을 정해서 공식적으로 학부모들에게 통지하라고 했다. "안 그러면 여러 가지 문제가 생길 수 있다. 학생들이 중간에 돈을 떼서 나쁜 곳에 쓸 수도 있다"라고 했다. 공식적으로는 하기 어렵다는 것을 이미 알고 있었으므로 그건 특별부과금 요구를 하지 말라는 뜻이었다.

당황한 교장 선생님은 내게 몇 학년 누구냐고 물으시고 나중에 교장실로 오라고 했다. 이 사건 때문에 나는 동경제국대학 출신 교장 선생님에게 찍히고 말았다. 다음날 담임 선생님이 교장 선생님이 나에 대해 물었는데, 공부도 잘하고 학업에 충실한 학생이라고 했다고 귀띔해 주셨다. 그 후로 교장 선생님은 내가 선생에게 덤비는 불량학생일 거라는 오해를 푸셨다. 문예반 활동을 하면서 학급지도 잘 만들고 하니까 나중에는 오히려 더 아껴 주고, 서울에 있는 좋은 대학에 가서 꼭 합격하라고 격려도 해주셨다.

2학년 때, 김해극장에서 열린 가수선발대회에서 1등을 거머쥐고 부상으로 손목시계를 타기도 했다. 여기에 초청 가수로 왔던 현인과 남백송이 김해에 하루 더 머물렀는데, 나를 따로 불러 서울에 같이 올라가서 가수를 해보자고 권유했다. 구미가 당겼다. 그러나 내가 아무리 어렵고 힘들어도 '딴따라'를 해서 되겠느냐는 생각이 들어서 그들을 따라나서지 않았다.

누님댁 인근에 김해공병학교가 있었는데, 크리스마스를 맞이해서 동네 초등학생과 중학생 10여 명을 데리고 위문공연을 가게 되었다. 내 기타 반주에 맞추어 후배들과 함께 「고향 생각」 등 동요를 주로 불렀다. 그랬더니 장병들이 가요도 좀 불러달라고 앙코르를 외쳐댔다. 공병학교 장교 중에는 동네 민가에서 살면서 출퇴근하는 영외 거주자가 몇 명 있었다.

내가 가끔 누님집 앞 솔밭에서 기타를 치며 노래하고 있을 때 그 영외 거주 장교들이 지나다가 눈인사를 한 적이 있어서 그랬던 거 같다. 나는 우쭐해져서 남인수의 「애수의 소야곡」, 진방남의 「불효자는 웁니다」, 백년설의 「나그네 설움」을 멋진 기타 반주를 곁들이면서 열창을 했다. 장병들은 따라 부르며 열정적으로 박수를 쳐주었다. 그러면서 누굴 닮아서 그리 노래를 잘하느냐고 묻기도 했다. 언젠가 누님은 내가 아버지를 닮아서 노래를 잘한다고 하신 적이 있다. 아버지는 바이올린 연주도 잘하셨고 음악에 재능이 있으셨다고 한다.

공병학교 위문공연을 한 번 더 했는데, 공병학교 교장 서모 대령이 고맙다고 목제 가구 받침대를 잔뜩 보내왔다. 누님이 부녀회장을 맡고 계셨었는데, 동네주민 100여 가구에 이 받침대를 하나씩 나누어 드렸다.

나는 어릴 적 어머니 등에 업혀서 타령을 많이 들어서 그런지 타령 부르기도 좋아했다. 남도창인 「한오백년」과 「진주난봉가」를 애창했다. 「한오백년」은 후일 조용필이 가요로 편곡해 불러 대히트를 기록한다. 조용필은 한 인터뷰에서 이 노래를 만나고 나서 자기의 창법을 완성하게 됐다고 했다. 「진주난봉가」는 시집살이의 애환을 절절하게 표현한 것이다.

그해 동광초등학교에서 광주학생항일운동 기념식이 열렸다. 김해 학생들 주관으로 김해 군내 10여 개 중고등학교 학생 대표들이 모두 참가한 행사였다. 3학년이 있었음에도 2학년인 내가 왜 대표가 됐는지는 잘 기억나지 않으나, 하여튼 그 대회에서 나는 학생 대표로 나서서 기념사를 했다. 이날 자형이 친구들과 우연히 이 기념식장에 들렀다가 내가 기념사 하는 것을 보게 되었는데, 너무나 잘해서 깜짝 놀랐다고 한다. 그리고 막내처남이 자랑스러워서 기분이 좋아진 나머지 친구들에게 술을 사느라 돈을 제법 쓰셨다고 한다.

이처럼 학내외 기념행사나 웅변대회에 학교 대표로 많이 참가했고 여러 차례 상을 탔다. 운동도 열심히 했다. 유도와 축구, 배구를 좋아했는데, 배구는 대학 2학년 때까지 선수로 활약하기도 했다.

4.
고학의 길, 대학 시절

    1957년, 고려대 법과대학에 입학원서를 접수했다. 당시에는 서울 소재 명문대학들이 학교장 추천을 통해 신입생을 선발하는 제도를 운영하고 있었다. 전교 1등이었던 나는 그 추천 쿼터로 고려대학교에 원서를 넣었고, 본고사를 면제받아 면접만 통과하면 합격할 수 있었다. 그런데 불행하게도 독감에 걸려 시험 당일 면접시험장에 가지 못하고 말았다. 참으로 억울한 일이었다.

    그래서였을까? 서울에 있는 후기대학에 갈 생각은 들지 않았다. 부산으로 내려와 후기였던 동아대학교에 진학했다. 그러나 입학한 대학이 마음에 들지 않다 보니 대학생활에 재미를 붙이지 못하고, 공부도 게을리했다. 강의실이나 도서관보다는 영화관을 즐겨 찾았다.

숙식은 당시 부산에서 당구장을 하고 있던 큰형수님 댁에서 해결했다. 그 집 근처에 묘심사라는 절이 있었는데, 남도명창 임방울의 제자가 교습소를 개설해 창을 가르치고 있었다. 하굣길에 묘심사 안에서 둥당거리는 소리를 여러 번 들었다. 고등학교 때 「한오백년」과 「진주난봉가」 등 남도창을 흉내내 본 적이 있었던지라 관심이 생겨 들어가 물었더니 한 번 해보라 했다. 재미 삼아 6개월 정도 배웠다. 그런데 당시 내 또래에서는 '창'을 하는 사람 거의 없어서 이것이 후일 내게는 큰 장기長技가 되었다.

1988년, 한국 섬유산업의 대표기업 '경방'의 광주공장 준공식 때로 기억한다. 행사 참석차 대한방직협회 회원사 사장단이 모여 친목을 다지는 자리가 마련됐다. 술이 몇 순배 돌고 나자 요정 주인이 「권주가」를 선창해서 좌중의 분위기를 북돋웠다. 이를 받아 답가를 할 사람이 마땅치 않아서 내가 나섰다. 장구를 잡고, 대학 시절 배운 「흥보가」 중에서 '제비 노정기'를 완창을 했다. 일행들도 놀라워했지만 요정 주인은 더 감동한 모양이었다. 요정생활 50년 만에 최고의 명창을 만나게 되었다고 큰절을 올리며, 극진하게 대접을 해주었다.

　창을 불러서 대접을 받은 일이 또 하나 있다. 1990년대 중반쯤으로 기억하는데, 장○우 중국 심양시장이 한국을 방문했을 때다. 당시 서울에서는 삼청각, 청운각, 대원각이 3대 요정으로 꼽혔다. 이 요정들은 유신 시절 요정정치의 산실로 소문났던 곳이기도 하며, 외국에서 정·재계 손님들이 오면 주로 이용하던 곳이다. 그날은 성북동에 있는 대원각으로 갔다. 대원각은 시인 백석의 연인라고 알려진 김영한(김자야)이 한국전쟁 직후에 차려서 운영해 오던 곳으로, 국악 연구원과 공연하는 학생들이 있었다.

　만찬을 즐기던 중에 국악인과 학생들이 나와서 창을 하는데, 영 시원치가 않았다. 중국에서 온 손님도 모신 터라 뭔가 이벤트가 필요할 거 같아서 내가 직접 장구를 잡았다. 그리고 「진주난봉가」와 「제비 노정기」를 불러서 좌중의 갈채를 받았다. 특히 마담이 창을 듣고 감탄했다고 하면서 직접 술을 따라 주기도 했다. 재산가치가 1천억 원에 달하던 이 대원각은 후일 김영한이 법정 스님에게 시주하였고, 지금의 길상사로 탈바꿈하게 된다.

대학 1학년 여름방학에는 고향이 전남 해남인 학과 친구와 무전여행을 떠났다. 서울에서 출발해서 대전, 옥천을 거쳐 광주 일대를 둘러보고, 해남에서 며칠 머물다가 여수에서 선편으로 부산으로 돌아왔다. 해남 친구집에 머무는 동안에는 대흥사를 둘러보고 두륜산을 오르기도 했다.

끼니를 해결하는 게 제일 힘들었다. 꽁보리밥을 내주며 미안해하던 시골 할머니의 모습이 아직도 눈에 선하다. 가난한 사람들이 인정이 더 깊었다. 여름밤 최강의 적군은 모기와 벌레들이다. 그러나 피곤이 한수 위였는지 외양간에서 곯아떨어진 적도 있었다.

마지막에 부산으로 돌아오기 위해 여수에서 정기선을 탔는데, 이건 거의 오물통 수준이어서 사람이 탈 수 없는 지경이었다. 위층에서 오줌을 싸면 아래층으로 그대로 쏟아졌다. 하지만 많은 사람들이 생존을 위해 그 배를 타야만 하는 현실이 안타까웠다.

여행길에 만난 사람들은 저마다의 방식으로 자기의 공간에서 최선을 다해 살고 있었다. 그 모습을 보며 실로 많은 생각들을 했다. 사유가 깊어졌다.

1학년 2학기가 끝나갈 무렵이었다. 고종사촌 여동생과 내 친구가 사귀게 됐는데, 여동생이 나더러 김해에 계신 자기 엄마(내 고모)한테 가서 남친 사귀는 허락을 받아달라고 졸랐다. 여동생의 성화에 못 이겨 할 수 없이 주말에 김해에 갔다가 일요일에 돌아왔는데, 아뿔사! 내 자취방이 재로 변해 있었다. 근처 집 몇 채가 다 타버린 큰 화재였다. 가재도구, 책, 어렸을 적 사진들, 무전여행 일기…. 이 모든 것들이 사라졌다. 그 중에서도 무전여행을 하며 여러 생각들을 메모해 두었던 일기를 태워먹은 게 가장 아까웠다.

며칠을 허탈감 속에서 지내다가 뭔가 생각이 바뀌기 시작했다. 문득 방탕하게 살고 있다는 자각이 든 것이다. 그랬다. 고교 시절 내 꿈은 법과대학에 가는 것이었고, 사법고시에 합격해 법관이 되려고 했었다. 그걸 까마득하게 잊고 살았던 것이다. 2학년이 되면서 학업에 열중했고, 고시 준비에 들어갔다. 환경은 나빠졌다. 큰형수님이 운영하던 당구장이 폐업하면서 자취를 해야 했다. 학비와 생활비를 벌어야 해서 늘 시간에 쫓겼지만 이를 악물고 공부했다. 고시 첫 응시에서 1차는 합격했다. 이때 어릴 적 친구 박재윤(후일 국민대 교수가 되었는데, 뒤의 2부 7장에서 더 언급하기로 한다.)의 도움이 컸다. 그러나 2차에서 고배를 들고 말았다.

당시 부산대에서는 고시반 학생에게 암묵적으로 특혜를 줬다. 강의 출석 면제나 다름없었다. 이 제도가 고시 공부를 하는 학생들에게는 최적의 환경이어서 1959년 부산대 법학과에 3학년으로 편입했다. 문○주 법대 학장(당시 고시 출제위원)님이 따로 불러서, 지난번에 아슬아슬하게 떨어졌으니 포기하지 말고 잘 준비하라고 격려해 주셨다. 열심히 준비해서 한 번 더 도전했다. 그러나 아르바이트를 하면서 자투리 시간에 하는 공부로는 고시 2차라는 산을 넘기에는 역부족이었다.

입주 가정교사 수입만으로는 학비와 생활비가 부족했다. 낮에는 강의를 듣고 가정교사 역할도 해야 했으므로 시간 내기가 어려워 밤에 할 수 있는 일자리를 찾았다. 부산역 화물 하역부였다. 화물열차에 물건을 싣고 내리는 일을 했다. 통행금지가 있던 때라 그 시간 전에 부산역에 도착해야 했다. 3학년이던 1959년 12월 추운 날 밤이었다. 뭘 하다 늦었는지 새벽 1시 통금시간에 쫓겨 부산역으로 뛰어가다가 맨홀에 빠지고 말았다. 맨홀 뚜껑이 열려 있는 것을 보지 못했던 것이다.

순간적으로 재빨리 양팔을 벌려 맨홀 가장자리를 붙잡았기 망정이지, 안 그랬으면 목숨도 위험할 뻔했다. 그러나 허리 아래쪽은 이미 오물투성이가 돼 있었다. 악취가 진동했다. 주위를 둘러보았으나 마땅한 방법이 떠오르질 않았다. 이 꼴로 가정교사 하는 집으로 갈 수는 없었다. 이 넓은 부산 땅에서 갈 곳이 없었다. 참으로 서러웠다. 눈물이 볼을 타고 흘러내렸다. 한참을 그렇게 주저앉아 있었는데, 문득 살아야 한다, 이 상황에서 벗어나야 한다는 의지가 생겨났다. 벌떡 일어나서 부산역 일터를 향해 뛰기 시작했다.

오물투성이로 처량하게 작업장에 들어서는 내 모습을 본 노조 작업반장은 어이가 없는 표정이었다. 내가 직접 말은 안 했지만 그는 내가 대학생이라는 것을 알고 있었던 듯했다. 그때만 해도 대학생이 귀한 시절이어서 어딜 가나 좀 다른 대접을 받긴 했다. 그는 나를 작업에 투입하지 않았다. 몸을 씻고 옷을 빨아 말리면서 난로 가에서 하룻밤을 쉴 수 있게 배려해 주었다.

따뜻한 난롯가에 앉아 있으려니 잠이 쏟아졌다. 긴장이 풀린 탓이었다. 잠깐 눈을 붙인 것 같았는데, 눈을 떠보니 심야 작업부들은 이미 다 퇴근한 뒤였다. 나도 서둘러 자리를 떴다. 가정교사로 입주해 있는 집으로 돌아오는 발걸음이 이상하게도 가볍게 느껴졌다. 극한 상황을 넘어선 다음에 찾아오는 안도감 같은 것, 혹은 세상에 못 할 일 어디 있겠느냐 하는 자신감 같은 것이었다.

이 '맨홀 사건'은 이후 내 인생길에서 커다란 변곡점이자 힘의 원천으로 작용한다. 크고 작은 어려움이 닥쳐올 때마다 이때를 교훈 삼아 세상에 못 할 일이 뭐가 있겠느냐 하는 도전 의식과 극복 의지를 다질 수 있었기 때문이다.

그후 10년쯤 지나서 부산에 가게 되었을 때 감사 인사를 드리려고 그 작업반장을 찾아갔다. 이미 작고하신 후여서 아쉬웠다. 그런데 지인으로부터 그 아드님 형편이 어렵다는 소식을 전해 듣게 되어 학비를 조금 보태주기도 했다. 그 작업반장의 그 따뜻한 배려가 내 인생길에 끼친 영향을 생각한다면 정말 하찮은 것이었지만 그렇게라도 하고 싶었다.

1960년에는 정치적 사건들이 많았다. 이승만 정권의 3·15 부정선거와 그로 인한 4·19혁명이 일어나 제1공화국이 몰락했다. 제3차 헌법 개정이 이루어져 내각책임제가 도입됐다. 이어 6월 23일 민의원과 참의원 구성을 위한 「국회의원선거법」이 제정됐다. 이에 따라 우리나라 의정사상 최초로 양원을 구성한 제2공화국 첫 번째 국회의원 선거(제5대)가 1960년 7월 29일 실시되었다.

김해 지역의 자유당 국회의원 후보는 김택수였다. 김택수는 나보다 열 살이 많은 1926년생인데, 경남고 1회, 서울법대를 나온 김해 출신 수재로 소문이 나 있었다.

4학년이 된 나는 진로에 대해 더 많은 고민을 하게 되었다. 그러나 선뜻 결심을 하지 못하고 막연한 심경으로 지내고 있었는데, 대저토건 사장이던 고종사촌 자형(이순택)한테서 연락이 왔다. 그는 명지면 출신인 김택수 후보와 초등학교 동창으로 아주 친한 사이였다. 자형은 김택수 후보 쪽에서 선거를 도와줄 사람을 찾고 있는데, 해볼 의향이 있느냐고 물었다. 나는 만나보고 결정하겠다고 하고 김 후보를 찾아갔다. 김 후보를 만나보니 훌륭한 분이라는 생각이 들어 선거 캠프에 합류했다. 그러나 부패정권이었던 자유당의 후보로서는 당선이 어려웠다. 낙선의 고배를 마신 김 후보는 당시 35세였다.

거기가 끝이 아니었다. 이듬해 5·16 군사쿠데타로 제3공화국이 출범하여 1963년 11월 26일, 한국 최초로 지역구와 전국구(비례대표)로 나누어 제6대 국회의원 총선거를 실시한다. 여기에 김택수가 박정희 정권이 창당한 민주공화당 소속으로 출마한다.

나는 바로 선거 캠프로 들어갔고, 20대 젊은 나이여서 청년부와 부녀부를 맡게 되었다. 선거구 내 각 지역에서 청년조직과 부녀조직을 만들고 결속시키는 일이었다. 특별하게 바라는 건 없었지만 선거운동 기간 동안 정말 최선을 다했다. 후일 김택수 의원은 내가 선거운동 기간에 어느 골목에 누가 사는지 주소까지 외울 정도로 열심히 활동하는 것을 보고 나를 높이 평가했다고 했다.

김택수 후보는 국회의원에 당선되어 서울로 올라갔다. 그리고 얼마 지나지 않아 내게 뜻밖의 제안을 해왔다. 서울로 와서 자신의 비서관으로 일해 달라고 했다. 그때까지도 진로에 대해 어떤 결론을 내리지 못하고 있던 나는, 일단 서울로 가보자고 결심을 하게 된다.

제2부

열정으로 도전하다

내 역량을 발휘해서 살려볼 수 있을 것 같았다.
다른 사람도 아니고
포항제철 박 사장님이 도와주겠다고 하지 않는가!
어떤 미래가 펼쳐질까?
가슴이 뛰기 시작했다.

1.
국회의원 보좌관으로 사회에 첫발

1963년 12월 17일 개원한 제6대 국회에서는 지역구에서 88석을 얻은 민주공화당이 전국구 22석을 배분받아 총 110석으로 전체 175석 중 62.9%를 차지하면서 정국의 주도권을 잡는다. 여당인 민주공화당 의원으로 박정희 대통령의 신임을 얻어 제6대 국회 초대 건설분과위원장을 맡은 김택수 의원님은 당시 박 대통령이 심혈을 기울이던 경제개발 5개년 계획 추진에 필요한 여러 가지 입법활동으로 눈코 뜰 새가 없었다. 김 의원님 보좌관들도 그야말로 밥 먹듯 밤을 지새우며 업무를 처리해야 했다. 하지만 그 덕분에 나는 정관계, 재계 인사들을 많이 알게 되었다. 후일 내게 큰 인연이 된 박태준 사장님도 이때 뵈었다.

　김택수 의원님은 제6, 7, 10대 국회의원을 지냈고, 1971년 대한체육회장에 선출되었으며, 1981년에는 정주영 현대그룹 회장과 협력하여 '88서울올림픽' 유치를 성사시켰다. 1977년부터 IOC위원을 역임하고 1983년 타계하셨다. 입법활동을 많이 하신 3선 국회의원이셔서 그랬는지 7월 17일 제헌절에 돌아가셨고, 국회장으로 장례를 치렀다. 향년 56세.

　나는 밴쿠버에서 열리는 세계항만물류회의 참석을 위해 출국하기 직전에 인사차 김 의원님을 찾아뵈었다. 안색이 안 좋으셔서 걱정했더니 감기가 들었다며 괜찮다고 하셨다. 그때 나는 불길한 예감이 들긴 했었다. 밴쿠버 출장 후 귀국길에 박태준 사장님 동생 박○화, 일본에서 철강사업을 하는 김○환과 셋이서 별도 일정을 잡아서 움직이다가 교토에 막 도착했는데, 김 의원님이 위독하시다는 연락이 왔다. 나는 모든 일정을 취소하고 급거 귀국하여 문병을 갔다.

　당시 김 의원님은 간 건강이 좋지 않으셨다. 서울대 병원에서 간 전문의로 명성이 있던 김○용 박사, 소화기내과 최○완 과장에게 치료를 받고 있었다. 한○철 서울대병원장은 '초동회' 멤버로 나와 친하게 지내던 터라, 이 분들에게 치료

상황을 물으니 최선을 다했지만 어려운 상태라고 했다. 참으로 안까까운 일이었다.

그 후 김 의원님의 은혜에 조금이나마 보답하기 위해 큰아드님을 동방그룹에 한동안 근무하도록 하고 동방 주식도 얼마간 주었다. 얼마 후 그가 독립해서 나갈 때는, 제2금융권 양성화 시기에 김 의원님과 내가 함께 투자해서 설립했던 단자회사(동아투자)의 내 지분을 그에게 넘겨주고 그가 가지고 있던 동방 주식을 돌려받는 방식으로 도움을 주기도 했다.

제2금융권 양성화는 5공화국 김○익 경제수석이 주도적으로 추진했다. 당시 이자율이 30%대인 사채시장을 제도권으로 끌어들여 안정시키기 위한 것이었다. 나는 김 수석과 실물경제에 대한 이야기를 많이 나누기도 했는데, 주로 기업 경영 현장의 이슈들을 전해 주었다.

김택수 의원님 보좌관으로 정신없이 3년을 보냈다. 그런데 김 의원님이 지휘하던 철도사업에서 사고가 발생했다. 나는 그에 대한 책임을 지고 사직서를 냈다. 때마침 대한주택공사 공채 정보를 입수했다. 3급 채용에 응시하여 합격했다. 1966년이다. 그런데 막상 입사 하고 보니 내부직원들 눈길이 곱지 않았다. 기획실 부장이 나를 기획실 담당관으로 발령을 내면서 대한주택공사의 경영분석을 하라는 지시를 내렸다. 주택공사 창사 이래 7~8년 동안 단 한 번도 시행한 적이 없는 경영분석이었다. 참고할 만한 자료는 전무했고, 그만큼 부담감도 컸다.

경영분석은 한 조직의 경영 실태에 대한 전반적인 분석을 하는 것이다. 재무나 인사, 조직이론에 대한 기초가 있어야 했다. 특히 회계장부를 볼 줄 알아야 했다. 그런데 나는 같은 사회과학 분야인 법학을 전공했지만 배운 내용은 회계학이나 경영학과는 전혀 달랐다. 기초 지식이 부족해서 사직하겠다고 했다. 그랬더니 서너 달 말미를 줄 테니 다시 생각해 보라 해서 일단 사표 제출은 보류했다. 그런데 곰곰이 생각해 보니 골탕을 먹이려는 것 같았다. 별정직 서기관이던 여당 국회의원 보좌관이 '3급 과장'을 달고 오니 실무능력을 검증해 보겠다는 의도가 분명했다. 오기가 생겼다.

당시 우리나라 회계학의 권위자이던 조익순 고려대 교수님은 나의 초등학교 은사셨다. 연세대 교수로 계신 적도 있었는데, 다급해진 나는 그분을 찾아갔다. 사정 이야기를 하니 직장과 가까운 연세대 경영대학원 입학을 주선해 주고 경영분석 전문가를 소개해 컨설팅을 받도록 도와 주셨다. 6개월 동안 진짜 열심히 배웠다. 돌이켜 보면 나에겐 천재일우千載一遇의 기회였다. 그때 경영학을 배우지 않았으면 나는 사업가가 될 수 없었을지도 모른다.

당시 회계용 대용량 계산기는 덩치가 매우 컸다. 주택공사가 소공동 상업은행 본점 근처였는데, 그 커다란 계산기를 들고 회사와 연세대를 오가며 작업했다. 나는 5개월의 분투 끝에 마침내 180쪽짜리 「대한주택공사 경영분석보고서(인사, 재무)」를 완성하여 기획실 부장에게 제출했고, 이 보고서는 기획실 부장을 통해 윤○일 총재님에게까지 보고되었다. 이 보고서의 핵심내용은 인원 3분의 1을 감축하는 구조조정 안이었다. 입사한 지 1년도 안 된 신출내기가 내부사정을 하나도 고려하지 않고 겁도 없이 어마어마한 방안을 낸 것이다.

회사 내의 분위기는 싸늘했다. 윤 총재는 구조조정안이 제출되었으니 무시할 수는 없는 상황이라 곤란한 처지였지만 나를 불러 어떻게 공부를 했느냐며 칭찬해 주었다. 그로부터 얼마 후 윤 총재는 일요일 저녁에 기획과장이던 나와 인사과장, 경리과장을 부르더니 특명을 내리셨다. 과장 셋이서 합심해서 주택공사 정상화 방안을 만들라는 지시였다. 지금도 그렇지만 관변 조직들은 개혁이 쉽지 않은 구조다. 기관장은 임기제이고 직원은 장기근속이 가능하기 때문이다. 임기가 정해져 있던 윤 총재도 당시 주택공사 실무를 장악하고 있던 부장급들이 개혁에 미온적이자 과장급들을 앞세운 것이다.

이때 나온 신규사업 아이디어가 화곡동 대규모 주택단지 건설사업이다. 표준주택 개념이 본격적으로 도입된 단지이다. 그리고 당시 경제개발 이슈 등으로 외국인들의 왕래가 빈번했는데, 이들이 숙박할 곳이 없어 이태원에 렌털하우스 2곳을 조성하기로 했다. 그즈음 주택공사는 이 두 곳에서 나오는 임대료로 운영됐다고 해도 과언이 아니다. 수익을 내는 다른 사업은 거의 없었다.

화곡동 주택개발사업은 여의도에 신규 아파트 200채를 분양해서 번 돈으로 추진했다. 이때엔 용도과, 주택과 공무원들이 부정거래에 관여를 많이 해서 그걸 잡으려고 야간 잠복근무도 하면서 열심히 일했다. 이런 과정을 거쳐 나는 윤 총재로부터 업무능력을 인정받아 1967년 한남동 외국인 주택단지인 'UN빌리지' 관리과장을 맡게 된다. 주택공사 내에서 과장급 보직으로는 최고였다. 외국 정치인이나 기업인들과의 교류 기회도 많아서 친분을 쌓고 관련정보도 제법 듣게 되었다. 영어 실력을 키우는 건 덤이었다.

UN빌리지는 1956년부터 1975년까지 정부계획에 의해 주택공사가 조성한 곳이다. 한국에 거주하는 UN 장병과 그 가족, 미국 경제고문단의 직원과 가족 등에게 편의를 제공해 주고 임대료로 외화를 획득한다는 목적이 있었다.

1968년 7월, 장○운 총재가 취임하면서 나는 주택문제연구소 소장으로 발령을 받았다. 윤 총재의 총애를 받으면서 혁신사업을 추진하는 과정에 직원들에게 미움을 산 것이 작용한 것 같았다. 자존심이 상해 이직을 결심하고 김택수 의원님을 만나 사정 이야기를 했다. 그때 김 의원님은 공화당 원내총무를 맡는 시점이었는데, 내가 할 일이 많다면서 국회로 다시 들어와 도와달라고 했다.

주택공사에 사표를 제출했다. 그런데 이유를 말해 주지 않으면서 수리를 해주지 않았다. 진퇴양난인 처지를 풀어준 건 김 의원님이었다. 후일 지인에게 들으니, 김 의원님께서 김용대는 주택공사 사람이 아니라 내 사람이니 빨리 보내라는 취지로 장 총재에게 전화를 걸었다고 했다.

나는 민주공화당 원내총무실로 자리를 옮기고 나서 한일합섬 서울사무소에 자주 들르게 되었다. 한일합섬 김한수 사장님과 가깝게 지내는 사이였고 그의 친동생인 김택수 의원님 심부름도 많았기 때문이다. 그때 그 사무소에 근무하던 '미스 문'으로 불리던 직원과 친해졌다.

미스 문은 고려대 야간부에 재학하며, 교양과목으로 철학을 듣는데 어렵다면서 가르쳐 달라고 했다. 다음 주에 바로 시험이 있어 집중 공부도 필요했고 그녀의 어머니가 나를 한 번 만났으면 한다는 말도 들었기 때문에 나는 그녀의 집으로 갔다. 그녀 어머니에게 인사를 드리고, 김해에서 살던 이야기도 하고 내가 태어난 이야기도 나누었다. 그 어머니는 나를 자꾸 뜯어보며 이것저것 물어보시기도 했다. 나는 별 생각 없이 예사로 알고, 미스 문에게 공부를 가르쳐 주고 집으로 돌아왔다. 그런데 나중에 미스 문에게 들으니 그 어머니가 나를 살려준 그 조산원 아주머니였다. 세상에 이런 인연이 있다니, 믿기지가 않을 정도였다. 이에 대해서는 뒤의 제2부 7장 '소중한 인연들과 인산장학문화재단'에서 좀 더 언급을 하겠다.

이런 과정을 통해 가까워진 미스 문이 친한 고교 동창이 있다면서 같이 만나도 되겠느냐고 했다. 천사 같이 착한 사람이라고 했다. 나는 좋다고 했다. 그렇게 해서 지금의 아내를 만나게 되었다. 알고 보니 그녀는 김택수 의원님 중학교 은사

막내 첫돌을 기념하여 찍은 가족 사진

의 따님이었다. 그녀는 당시 경제기획원에 근무하고 있었다. 미스 문과 셋이 어울려 다니면서 점점 친해졌고, 결혼을 결심하게 되었다. 다만, 나는 큰형수님과 그 조카들을 부양해야 한다는 조건이 있었다. 그러나 다행스럽게도 그녀는, 큰형수님과 그 가족을 돌봐 드리는 것은 동기간에 당연한 책임이며 참으로 훌륭한 생각이라고 선뜻 내 뜻을 받아주었다.

1965년도에 결혼식을 올렸다. 주례는 초대 교육부장관을 지내신 안호상 박사가 서 주셨다. 김택수 의원님은 고맙게도 신혼집까지 마련해 주셨다. 그렇게 부부의 연을 맺게 된 아내와는 아들 하나, 딸 둘을 낳았다.

2.
한일카피트판매 창업, 사업가로 변신하다

1960년대에 들어 세계 섬유시장은 화학섬유와 합성섬유가 붐을 일으킨다. 원모를 대용하는 아크릴은 나일론·폴리에스터와 함께 '마법의 섬유'로 소비자의 인기를 끌었다. 1956년 부산에서 경남모직을 설립하여 복지를 생산하던 김한수 사장님은 아크릴 섬유에 눈을 돌려 1964년 한일합성섬유공업주식회사(이하 한일합섬)를 설립한다. 1967년 1월 아크릴 제품이 국내에 출시되자 선풍적인 인기를 끌었고, 1969년 김해, 1973년 마산, 1974년 수원, 1975년 대구에 잇따라 공장을 증설하게 된다.

1968년, 나는 서울 을지로 명보극장 근처에 사무실을 차리고 유통사업에 뛰어들었다. 김택수 의원님이 원내총무 보직이 끝나게 되어 보좌관이던 나는 다른 일거리를 찾아야 했기 때문이다. 처음에는 의류로 시작해 2년 후에는 인기가 폭발하던 카펫 대리점을 열었다. 1972년 법인으로 전환해 '한일카피트판매주식회사' 간판을 걸고 사장 명함을 제작했다. 김한수 사장님과 김택수 의원님의 전폭적인 지원에 힘입은 것이다.

우리나라는 난방 형태가 온돌이고 여름에는 습도가 높아 카펫의 필요성이 그다지 높지 않았다. 그런데 아크릴 섬유로 짠 카펫이 대량생산되어 저렴하게 공급되자 실내 바닥재로 자리를 잡으며 유행 상품이 되었다. 아크릴 섬유는 세탁 후에도 원형을 유지한다는 장점 때문에 양모를 대신하는 카펫 원사로서 여전히 쓰이고 있다.

1970년대 초까지는 경공업의 전성시대였다. 코오롱은 나일론, 선경직물(SK그룹의 모태)은 폴리에스테르, 한일합섬은 아크릴이 주력 제품이었다. 1억불 수출탑은 한일합섬이 제일 먼저 달성했다. 그런데 박정희 대통령이 김한수 사장님을 불러서 중화학공업으로 사업을 확장해 보라고 권유했는데, 김 사장님은 자기 분야가 아니라고 거절했다고 했다. 이 이야기를 전해 들은 나는 귀가 번쩍 뜨여 변○수 전무, 홍○수 비서실장 같은 또래 경영자들과 정부정책 수용방안에 대해 많은 이야기를 나누었다.

1960년대 우리나라는 수출 주도형 공업화 전략으로 경공업을 육성하여 경제 규모의 양적 팽창과 수출의 증대를 가져왔다. 그러나 농업의 정체, 원료 및 중간재의 해외 의존도 증가, 외채 부담 증가로 인해 국제수지 악화라는 부작용이 뒤따랐다. 또한 1970년대 초부터 선진국들의 경공업 제품에 대한 수출 규제가 시작되었고, 제1차 오일쇼크를 겪으면서 정부는 경공업 중심 정책의 한계를 벗어나기 위해 1972년에 시작된 제3차 경제개발 5개년 계획부터 본격적인 중화학공업 육성정책을 실시하게 된다. 정부가 집중적으로 육성하고자 한 산업에는 조선, 자동차, 철강, 석유화학 등이 포함되었다.

카펫 사업은 운도 따랐다. 1973년에는 정부의 관광산업 육성책으로 진흥자금이 풀리고, 물품세 40% 감면 혜택이 적용되면서 호텔 리모델링과 신축이 봇물을 이루어 카펫 수요가 늘어났다. 또한 주택시장에서도 아파트, 연립주택 등이 대량으로 공급되면서 주거문화가 입식으로 급속도로 서구화되다 보니 카펫은 날개 돋친 듯이 팔려 나갔다. 카펫 유통이라는 생소한 분야에 경험도 없이 뛰어들었는데, 시대 환경 변화와 잘 맞아떨어져서 회사는 10년 가까이 호황을 누리며 성장을 거듭하여 정규직 판매사원이 300명에 이르게 된다. 당시로서는 엄청난 숫자였다.

이로써 김한수 사장님과 나는 친분이 더욱 두터워졌는데, 어느날 김 사장님이 말죽거리(지금의 양재동) 지역에서 부동산 개발을 해보자는 제안을 했다. 하지만 나는 반대했다. 기업가는 발로 뛰어서 정직하게 돈을 벌어야 한다는 철학이 있었기 때문이다. 또한 우리나라 같이 국토가 좁은 나라에서 땅을 가지고 장난치면 시장경제가 교란되기 때문에 기업인으로서는 하지 말아야 할 일이라고 여겼기 때문이다. 그렇지만 당시에 한일합섬이 공장만 소유하고 있었고 투자용 부동산이 없었다는 점과, 오늘날 강남 부동산 폭등을 생각해 보면 김 사장님에게 그런 말을 한 것이 미안하다.

1979년, 10·26에 이어 12·12 사태가 발생하여 계엄령이 선포되고 신군부 체제가 들어서면서 나라는 혼란에 휩싸인다. 기업 환경 또한 급격하게 나빠졌다. 그런 와중에 1981년 제5공화국이 출범하면서 총선거를 치르게 된다.

신군부가 들어서면서 3김三金 시대의 주요 인물들은 모두 구치소로 들어갔다. 김택수 의원님은 김종필계였으나 다행히 구치소행은 면하고 정치활동만 금지된 상태였다. 김 의원님이 시간이 많다보니 자주 만나서 정치나 사업에 대해 이야기를 많이 나누었다.

그러던 어느 날이었다. 김 의원님이 김해 지역구를 넘겨줄 테니 나더러 총선에 출마해 보라고 했다. 이런 제안의 배경에는 물론 나를 아끼는 마음도 있었을 것이다. 그러나 한편으로는 내가 의리를 잘 지키는 사람이라는 평가가 있으니 김 의원님이 후일 정치에 컴백했을 때 그 지역구를 선선히 다시 돌려줄 거라는 믿음이 있지 않았을까 하는 생각도 들었다. 또한 5공화국 실세로 등장한 초동회 멤버들도 내게 정치에 참여해 보라면서 고향 김해에서 출마해 볼 것을 제의하기도 했다.

나는 김택수 의원님이 김해에서 국회의원 선거를 세 차례 치르는 동안 인간적인 도리라 생각하고 열과 성을 다해 도와드린 경험이 있기는 했다. 하지만 정치에 발을 디디는 것이 선뜻 내키지 않았다. 정치와 사업을 동시에 해나가는 것은 불가능하다고 생각했다. 정경유착, 부정부패로 가는 지름길이기 때문이다. 또한 정치라는 게 얼마나 복잡한지 김택수 의원님과 함께 하면서 충분히 봐 왔던 터였다. 정치인, 특히 국회의원은 공복으로서 청렴해야 하고 사명감과 명예를 중시하는 직업인데, 나는 기업가로 성공하고 싶었던 터라 망설여졌다. 40대 중반이라는 나이가 정치에 입문하기에는 많은 것이기도 했다. 며칠 동안 집안 형제들과 상의하고 지인들과 논의했다. 그리고 김 의원님을 찾아뵙고 정치 말고 사업을 더 해보겠다고 말씀드렸다.

이때의 판단은 지금 돌이켜 봐도 잘했다고 생각한다. 후일 김영삼 정부 때 경아회 멤버로 친한 친구 하나가 나의 만류에도 불구하고 국회의원 선거에 나섰다가 고배를 마신 일이 있었다. 그때 나는 그 친구에게 "돈이 필요하면 사업을 해야지 정치는 아니다, 토목공학 박사이니 건설업체 고문 같은 것을 맡아 문제투성이인 우리나라 건설업계를 바로잡아 사회에 이바지하는 길이 낫다"라고 조언했었다.

결국 1981년 3월에 치러진 제11대 총선 때 김해 지역구에서는 김한수 회장님이 사위를 후보로 밀어서 당선됐다. 이 와중에 그렇게 우애가 좋던 김한수, 택수 형제 사이가 안 좋아져서 나는 곤란한 상황에 처하게 되었다. 나는 결단을 내려야 했다. 힘든 결정이었지만 판매회사마저도 접기로 했다.

내 인생길에 커다란 위기가 닥친 거였다. 그러나 위기는 기회를 동반하는 법. 이 위기를 기회로 바꿀 방법을 찾기 시작했다. 경영대학원에서 배웠던 경영학, 섬유제품 판매회사를 이끌었던 경험, UN빌리지 관리과장 때 만났던 외국인 친구들이 떠올랐다. 판매회사를 하면서 외국기업인들을 많이 만났는데 그들 생각도 했다. 그랬다. 더 큰 기업가로 성장하려면 선진국의 기업에 대한 연구와 경험이 필요했다. 그때 구○학 아워홈 회장님은 공부는 평생 동안 하는 것이라며 만학도에게 용기를 주시기도 했다.

그러나 바로 결심에 이르지는 못했다. 또 한 번의 장고에 들어갔다. 우물 밖으로 나가서 더 넓은 하늘을 보고 싶은 열망이 커져가고 있음을 느꼈다. 대학원 진학을 생각해서 최장 5년도 각오해야 했으므로 판매회사를 처분한 돈으로 반포에 상가 3채를 매입하여 월 1천만 원 정도의 임대료로 가족들이 경제적으로 안정될 수 있게 조치도 했다.

3.
우연이 필연으로, 박태준 사장님

　유학 준비를 차근차근 추진하고 있던 어느 날, 지인이 상을 당하여 조문을 가게 되었다. 그런데 거기에 박태준 포항종합제철(이하 포항제철) 초대 사장님이 와 계셨다. 포항제철은 1968년 설립됐는데, 박 사장님은 김택수 의원님과 친분이 두터운 사이여서 내가 의원 보좌관으로 근무할 때 여러 번 뵌 적이 있었다.
　오랜만이라 반갑게 인사를 드렸다. 박 사장님께서는 내가 회사를 접을 걸 알고 계신 듯 이제 뭘 할 거냐고 물으셨다. 외국에 가서 공부를 좀 더 하고 선진기업들도 직접 가서 살펴보려 한다고 말씀드렸다. 그러자 박 사장님께서 요새 시국도 좋지 않고 나이도 많은데 꼭 유학을 가야겠느냐며, 시간 날 때 포항제철 사장실에 한번 들르라고 하셨다.

그날 내 귀에는 박 사장님의 이 한 마디가 그렇게 특별하게 들리지 않고 그저 인사치레로 들렸다. 또한 사업적으로도 포항제철과 연관이 없어 논의할 만한 이슈도 없었다. 바쁘신 분인데 굳이 찾아갈 일이 아닌 것 같았다.

그런데 며칠 지나서 포항제철 사장 비서실에서 방문 요청이 왔다. 당시 비서실장은 친하게 지내던 후배 조○수였는데, 박 사장님이 나를 찾는 이유를 대략 설명해 주면서 만나볼 것을 권유했다. 그날, 박 사장님은 내게 동방운수창고주식회사 인수를 제안하셨다. 중량화물 운송회사가 없어서 이 회사가 멈추면 포철도 타격을 받기 때문이라는 거였다.

섬유 외에 다른 분야에는 문외한이던 나는 특히 화물 운송 부문은 전혀 접해보지 못한 상태였다. 더군다나 채무가 많은 회사를 인수하라니 당연히 망설일 수밖에 없었다. 게다가 유학 준비도 하고 있는 중이었다. 어느 조건 하나 맞는 게 없었다. 그럴듯한 거절 명분을 찾느라 애매하게 앉아 있는 내게 박 사장님이 한마디 덧붙이셨다. 적극 도와 줄 테니 한번 맡아서 살려보라고 하셨다. 나는 검토해 보겠다고 하고 그 회사 회계서류 뭉치를 비서실장에게서 받아들고 사장실을 나섰다.

여러 생각이 들었으나, 박 사장님께 검토해 보겠다고 약속을 했으니 면밀히 들여다보기로 했다. 국세청을 거쳐 회계법인에서 근무하는 친구에게 서류 검토를 부탁하고 그 회사의 재무와 경영 실태 분석에 착수했다. 서류 분석 도중에 '한진그룹'에서 이 회사를 인수 검토를 한 흔적을 발견하고 나니 더 걱정이 됐다. 나는 꼬박 한 달을 매달린 후에야 어떤 결론에 이를 수 있었다.

조 비서실장의 말에 의하면, 박태준 사장님은 나를 젊은 데다 매우 적극적이어서 동방운수(주) 경영자로서 적임자라고 평가했다고 했다. 또한 내가 김한수, 김택수 형제분과 가까이 지내는 사이였으니 재정적으로나 정책적으로 리스크를 줄일 수 있다고 판단했을 가능성이 있었다.

동방운수창고(주)의 전신은 와세다대학 출신인 이○동(전 축구협회 부회장)과 오○식이 동업 형식으로 1952년 설립한 동방운수(주)다. 이 회사는 1965년 동방운수(주)와 동방운수창고(주)로 분리된다. 이○동이 사장을 맡은 동방운수창고(주)는 항만하역과 특별보세운송을 주로 했다.

1970년대에 들어 포항제철 건설이 시작되면서 박태

준 사장님은 공사에 필요한 기자재를 운반할 운송회사를 찾았다. 박태준 사장님도 와세다대학 예과에 다닌 적이 있었는데, 당시에 이 사장이 선배여서 알고 있던 터라 협력업체로 들어와 줄 것을 요청했다. 당시 국내에는 국산차는 거의 없었고, 특히 화물운송용 차량은 모두 수입차에 의존했다.

이 사장은 포항제철 기자재 운송 요구에 맞는 대형 트럭과 지게차 등 새로운 장비들을 스웨덴에서 대량으로 수입해서 사업을 추진했고, 포항제철이 성장함에 따라 동방운수창고(주)의 사세도 확장일로였다. 그러나 1979년 제2차 오일쇼크와 12·12, 5·18 등 정치적 소용돌이가 발생하면서 환율이 달러당 400원에서 800원 정도로 올라 채무 변제액이 폭증하는 상황에 직면하게 되었던 것이다.

이로 인해 현금 흐름에 문제가 있었고, 자산 상태도 엉망이었다. 또한 이 사장은 정·재계 쪽 영향력은 큰 편이었으나 경영은 서툴러서 조직관리가 제대로 되지 못하는 상황이었다. 임원들은 허구한 날 사무실에서 화투나 치고 있었으니 직원들이 주인의식을 가지고 일할 리가 없었다. 특히 핵심직원인 화물차 운전기사들에 대한 관리가 체계적이지 못했다.

이 정도라면 내 역량을 한번 발휘해서 살려볼 수 있을

것 같았다. 다른 사람도 아니고 포항제철 박 사장님이 도와주겠다고 하지 않는가! 어떤 미래가 펼쳐질까? 가슴이 뛰기 시작했다. 어렵게 결심한 유학길을 가로막고 찾아온 기회인 걸 보니, 이 또한 조물주께서 주관하시는 어떤 운명 같은 것이 아닐까 하는 생각이 들었다.

박태준 회장님 이야기가 나온 김에 그 분과의 에피소드 하나를 덧붙인다. 2001년, 나는 다리 통증이 심해져서 미국에 있는 친구 소개로 NYU(New York University) 의과대학의 쿠퍼 박사를 소개받았다. 쿠퍼 박사가 전화를 걸어와 한국 연세대 세브란스병원에 김○수 박사가 있는데, 그는 차기 국제신경외과협회장이라고 소개하고 내 이야기를 해두겠다고 했다. 그리고 얼마 후 김○수 박사가 내게 전화를 걸어와 차트도 봤고 얘기도 들었다며 다음 주 월요일에 병원으로 오라고 했다. 김 박사에게 수술을 받으려면 5~6개월을 기다려야 하는 것을 알고 있었는데, 김 박사는 조교를 부르더니 스케줄을 조정하여 이틀 후로 수술 날짜를 잡았다. 그런데 김 박사에게 장장 9시간에 걸친 수술을 받고 나서 나는 극심한 통증에 시달리게 되었다. 근무 시간에도 근처에 여관을 잡아놓고 쉴 정도로 고통이 심했다.

할 수 없이 나는 2002년 미국 NYU 의과대학으로 가서 쿠퍼 박사를 만난다. 3명의 각 분야 의사가 협진을 한 결과 나는 수술이 아닌 물리치료를 해야 하는 케이스였다고 진단했다. 이때 내가 감명받은 것은 3인 협진 체제였다. 신경외과, 재활의학과, 정형외과 의사가 함께 내 진료 인터뷰에 1시간 반 정도 참여했다. 당시 한국은 1인 진료 체제였기 때문에 협진 체제가 매우 인상적이었다.

그런데 쿠퍼 박사 인터뷰 도중 TV 전원이 꺼졌다. 나중에 알았지만 그건 9·11 테러로 인해 맨해튼 일대가 정전이 된 것이었다(기록에 의하면 8시 46분과 9시 3분에 충돌이 일어남). 잠시 후 전기가 복구됐고, 병원 측에서는 내게 비상조치를 해줬다. 나는 지하로 내려가 병원 측에서 불러준 차를 타고 나왔는데, 시내는 아수라장이었다. 그런데 긴 행렬이 눈에 들어왔다. 알고 보니 헌혈을 하려는 인파였다. 감동적이었다. 미국이 선진국이라는 것을 실감했다. 숙소였던 인터콘티넨털호텔로 가야 하는데 택시가 없었다. 마침 경찰관이 우왕좌왕하는 내가 환자임을 알아차리고 경찰차에 태워서 데려다 주었다. 나는 또 한 번 감동했다. 그러나 맨해튼을 벗어나야

좀더 안전할 것 같았다. 수소문 끝에 2주쯤 후에 조지 워싱턴 브리지 건너 뉴저지에 처음 출장왔을 때 묵었던 호텔로 숙소를 옮겼다. 그런데 1일 190달러 하는 숙박비를 80달러로 할인해 주었다. 아마도 뉴욕의 분위기가 심상치 않고 손님이 줄어들으니 가격을 조정한 것 같았다. 환경 변화에 바로 대응하는 유연한 경영체제가 본받을 만했다.

맨해튼에 있을 때 박태준 회장님도 마침 국무총리를 퇴임하고 갈비뼈 안쪽의 혹을 수술하기 위해 뉴욕에 체류 중이셨다. 그분의 병원과 숙소가 다 맨해튼에 있었다. 박 회장님이나 나나 치료차 와있었기 때문에 시간이 많았다. 자주 만나서 점심도 같이 하고 센트럴파크를 산책하면서 많은 이야기를 나누게 되었다.

어느 날, 내 마음 속에 담아두었던 이야기를 꺼냈다. 박 회장님이 일본 망명 생활을 청산하고 귀국했을 때 정치 활동 재개에 조금이나마 도움을 드려야겠다는 생각으로 동방마포 사옥 1개 층 전체를 사무실로 사용할 수 있도록 내드렸었다. 그런데 어느 날 내게 이렇다 할 설명도 없이 갑자기 떠나셨다. 한동안 나는 박 회장님이 떠나신 줄도 모르고 있을 정도였다.

나는 궁금했으나 그 이유를 물어볼 기회가 그 동안 마땅치 않아 묻어두었다가 말을 꺼낸 것이다. 박 회장님은 껄껄 웃으시며 YS가 자기를 잡으려고 하는데 YS와 친한 사람이 제공한 사무실에 있어서는 안 될 것 같아서 그랬다고 했다. 자칫 내게 불이익이 발생할 수도 있다고 생각했다는 것이다. 고마운 말씀이었다. 그러나 YS와 가까웠다는 것은 사실이 아니었는데 그러셨다고 아쉬움을 표했다.

내 이야기를 다 듣고 난 박 회장님은 오해가 좀 있었던 것 같다며, 자기를 위해 애써줘서 고맙다고 하셨다. 비 온 뒤에 땅이 굳어진다고 했다. 이 센트럴파크 대화 이후 귀국해서 박 회장님이 박○용 의원과 박○표 사장, 나를 불러서 식사 자리를 마련하셨다. 망명 등 어려웠던 시절에 도움을 줘서 고맙다는 의미였던 거 같다.

이 네 사람은 그 후로 자주 어울렸다. 부부 동반으로 하와이 여행을 함께 가기도 했고, 2011년 박 회장님이 돌아가시기 두 달 전까지도 찾아뵐 정도로 따뜻한 인연을 이어왔다. 내가 김택수 의원 보좌관으로 있을 때 처음 뵈었으니 50여 년을 이어온 '필연必緣'이었다.

4.
고향 사랑을 실천하다

먼저, 향우회 이야기부터 해보자. 1960년대 후반부터 공업화가 진행되면서 서울에 공장들이 생겨났고, 농어촌의 많은 젊은이들이 가난을 극복하고자 서울로 모여들었다. 그러나 현실은 만만치 않았다. 퇴근길 뒷골목에서 타향살이의 서러운 눈물을 삼켜야 했다. 정서와 추억이 비슷한 고향 사람들끼리 모여 외로움도 달래고 정보 교환의 필요성이 생겼다. 전국 각 지역을 기반해서 크고 작은 향우회들이 조직되기 시작했다.

나도 타향인 서울에서 사업을 하다 보니, 이런저런 연줄로 김해 출신들이 제법 많이 알게 되었다. 서로 힘이 되어 주고 향수도 달랠 수 있다고 생각해서 1972년에 골프 모임을 하나 만들었다. 김해는 고대 가락국의 땅이었다는 것에 착안해 이름을 '가락회'라고 지었다.

가락회 창립 멤버는 30명이었다. 다 기억나지는 않지만 가나다 순으로 나열해 보면 다음과 같다. 김○조(외무부 장관), 김○주(한미연합사 부사령관, 예비역 소장), 김○종(수자원개발공사 회장), 김○환(송원그룹 회장), 김○근(헌병감, 예비역 소장), 김○훈(한일합섬 사장), 김택수(국회의원, IOC위원), 김한수(한일합섬(주) 창업주), 박○욱(국민체육진흥공단 이사장), 배○일(남광토건 창립자), 변○수(대한보증보험 사장), 성○영(제일모직 부사장), 송○창(삼성 이병철 회장 비서실장), 이○수(제2, 3, 4대 김해 국회의원), 이○봉(청와대 민정수석), 이○용(차관, 농협중앙회장), 조○교(삼룡물산 회장), 조익순(고려대경영대학원장, 한국회계학회장), 최○원(치안국장, 부산시장), 허○구(법무부 장관), 장○규(치과병원장) 등이다.

쟁쟁한 멤버들이었다. 가입비 20만 원과 찬조금을 재원으로 기금을 1억5천만 원 정도 모아서 김해지역의 중·고등학교에 학교당 2~3명씩을 선발해 장학금으로 매월 100만 원씩 지급했다. 그리고 몇 년 후 '재경 김해 향우회'로 개편하

1995년 10월 29일 미사리 조정경기장에서 열린 '재경 김해 향우회' 야유회

여 조직을 점차 확대했다. 한때는 7~8천 명 규모가 되기도 했다. 1년에 한 번 개최하는 정기총회는 미사리 조정경기장을 빌려 운동회 겸 장기자랑대회로 꾸려서 가족 단위로 참가한 고향 사람들끼리 친목을 다지도록 했다.

조직이 커지면서 전체 행사를 자주 할 수 없어서 읍면 단위로 분기별 활동을 하도록 했다. 읍면 조직이 잘 운영되지 못하는 지역은 내가 별도로 기부한 1천만 원을 분배하여 모임이 활성화되도록 지원하기도 했다.

초대 회장은 초등학교 은사이신 허○구 법무부 장관님이 2년을 하셨고, 내가 2대 회장을 맡아 10년 동안 이끌었다. 이 기간에 모교인 김해농업고등학교 부흥을 위해 특수반을 직접 지원하여 학생들을 공부시키기도 했는데, 큰 성과를 올리지는 못했다.

가락회의 핵심 멤버로는 조○순 교수님과 이○용 차관, 최○원 시장, 김○주 장관 등이다. 이 네 분과는 돌아가실 때까지 한 달에 한 번씩은 꼭 식사를 같이 할 정도로 끈끈했다. 특히 조○순 교수님께는 미수米壽(88세) 때 출판기념회를 그 제자들이 열어 드렸다. 김○유 하나은행장, 허○수 GS그룹 회장, 어○대 고려대 총장이 주축이 되었다. LG그룹 문화회

관에서 열렸는데, 나도 특별한 인연으로 50명의 초대명단에 들어 주최자들과 옛날 학창 시절 이야기를 즐겁게 나누었다. 조 교수님은 학점이 시원찮으면 학생들에게 회초리를 때리실 정도로 애정이 있는 진정한 스승이라는 걸 그때 들었다.

다음은 고향 마을 내덕리 이야기이다. 나는 매년 김해 김씨 내덕문중 선영을 둘러보기 위해 고향 내덕리에 들르곤 했다. 그런데 1984년에 갔을 때에는 동네 모습이 약간 다르게 보였다. 마을로 지나는 찻길이 있었는데, 동네 어른들은 차가 쌩쌩 달리는 길섶에서 담배를 피우면서 쉬고 있었다. 아이들도 위험한 찻길 근처에서 놀고 있었다. 그날 따라 내 고향 사람들이 가난하게 살고 있는 모습이 측은하게 느껴졌다. 뭔가 도움을 주어야겠다는 생각이 들었다.

사람들이 위험한 찻길이 아닌, 좀 더 안정적인 장소에서 쉬기도 하고, 놀 수도 있게 하는 방법이 없을까 생각하다가 떠오른 것이 공회당이었다. 기왕이면 내가 살던 생가터가 좋겠다는 생각에 인근 땅 500평 정도를 구입했다. 건물은 2개 층으로 설계했다. 1층은 마을 어른들이 쉴 수 있는 휴게실과, 결혼식 같은 큰 행사를 치를 수 있는 공간으로 마련했다. 2층

1985년 6월 29일 열린 내덕리 공회당 준공식 광경(위)
공회당 준공 기념석(아래)

은 회의장으로 쓸 수 있도록 구성했다. 그리고 건물 옆 공간은 어린이와 청소년들을 위한 놀이터로 조성했다. 건축은 고종사촌 자형이 경영하는 대저토건에서 맡았다.

1985년 6월 29일 열린 공회당 준공식은 김해군수가 주관하여 제법 성대하게 치렀다. 군수가 오니 면장들도 참석했고 학교 선생과 이장들도 왔다. 당시 김해군수는 부산대 동창으로 고시 공부를 같이 했던 친한 친구였다. 이 친구는 당일 모든 일정을 취소하고 나를 격려해 주기 위해 하루종일 내덕리에 머물면서 많은 이야기를 나누었다. 그리고 동네 이장을 불러서 공회당 앞에 이 건물이 어떤 연유로 세워졌는지를 기록한 기념석을 만들라고 했다.

준공식 후에 김해군수가 보고를 했는지 내덕리 공회당에 대한 소문이 경남도지사 귀에까지 들어간 모양이었다. 1980년대에 들어서면서 전국에 새마을회관이 지어지기 시작했는데, 경남도지사는 내덕리 공회당에 꼭 가보고 벤치마킹하라는 지시를 했다고 한다.

5.
운명이 된 동방운수창고와 국제방직

1981년 4월 21일 동방운수창고(주) 사무실에 인수팀 5명이 들어가고 나서 한 달 후쯤, 나는 인연 하나를 만나게 된다. 동방운수창고 인수를 결심하고 조직관리 전문가를 물색하던 중 수협중앙회 출신 고향 후배인 하○학이 천거한 전○일 사장이다. 당시 전 사장은 수협에서 나와 개인사업을 하고 있었다. 전 사장은 1970년대 초 수협중앙회에 근무할 당시 160여 명을 정리해고하는 등 일제 잔재를 청산하는 조직개혁을 이끈 경험이 있는 사람이었다.

그와의 첫 대면은 연희동 우리 집이었다. 전 사장의 회고에 의하면, 그날 나는 '조물주의 소명론'을 설파하면서

"조물주한테 받은 빈 그릇을 '넘치지 않게 채우면서' 살고 싶다고, 그래서 본격적으로 기업가가 되기 위해 도전을 하는 것이다"라고 했다고 한다. 그리고 사업이 잘되어 그릇이 넘칠 정도가 되면 첫 번째로 하고 싶은 일이 직원 자녀 대학등록금 지원이라고 했다고 한다. 정치도 기업도 다 사람이 하는 것이니 그만큼 사람이 중요하다, 회사 직원들의 미래라 할 수 있는 그 자녀가 훌륭하게 자랄 수 있도록 하는 것이 정말 중요하다고 해서, 전 사장은 나와 같이 일해보고 싶은 생각이 들었다고 했다. 직원 자녀 대학등록금 지원은 당시에는 대기업들도 엄두를 내지 못하는 일이었다.

그다음 날, 내 사무실에서 전 사장에게 인수팀 활동 현황을 보여주면서 검토를 시켰고, 동방운수창고(주)의 경영 정상화를 위한 전략 두 가지를 다음과 같이 합의한다. 첫째, 나의 사람 중심 경영 철학을 동방 직원들과 공유한다. 둘째, 정리해고는 최소화하고 재교육을 시켜 계속 일할 수 있도록 하되, 만약 따라오지 않으면 해고한다. 나는 동방 직원들의 냉소적 분위기를 바꾸기 위해 인적 쇄신안을 제시했는데, 전 사장이 수협 시절 시행했던 대량해고의 부작용에 대해 말해줘서 재교육으로 방향을 틀게 되었다. 듣고 보니 그것이 사람 중심

경영에 알맞은 방안이었다. 내가 인수한 후에 실제로 동방운수창고 사주 친인척 몇 사람을 제외하고는 해고된 사람은 거의 없었다.

그후 전 사장은 동방운수창고(주)에 예산회계제도를 도입하는 등 회계체제를 완전히 개혁하여 경영 정상화가 빠르게 진척될 수 있도록 한다. 참으로 보배 같은 존재이다.

1981년 5월, 동방운수창고(주) 임직원들과의 첫 만남에서 나는 비장한 각오로 나의 '조물주의 소명론'을 설파했다.

"조물주는 사람을 만들 때 각자에게 빈 그릇을 하나씩 주고 그걸 채우라는 소명을 줬다. 성실한 사람이라면 이 소명을 완수해야 한다고 생각한다. 여러분들은 내가 누군지 잘 모르실 거다. 하지만 나는 동방을 다시 일으키는 것을 조물주가 내게 준 소명이라고 생각하고 이 자리에 섰다. 나는 이 미션을 완수할 것이다. 임직원 여러분도 적극 동참해 달라. 경영자와 직원은 일심동체다. 모두가 회사의 주인이다. 주인의식을 가지고 창의적으로 일하는 직원에게는 회사에서 충분한 복지를 보장하겠다."

동참하지 않으면 버린다라는 경고의 메시지도 넣은 것이다. 나는 그때 40대 중반으로 패기가 만만했다.

동방운수창고(주) 직원들 사이에서는 대기업 출신 임원이 오기를 기대하고 있었는데, 전혀 다른 업종의 중소기업 경영자 출신이 오니까 제대로 하겠느냐는 불신과 냉소적인 분위기가 팽배해 있었다. 나는 이 리스크를 없애야 했다. 경영자와 직원 간의 불신 해소를 제1과제로 삼았다. 경영의 성패를 좌우하는 일이었다. 나의 진정성을 직원들에게 어떻게 보여줄 수 있을까? 주변에서 자문도 듣고 고민한 끝에 발로 뛰어서 바닥부터 공부해 보기로 했다. 현장에는 해답이 있게 마련이다.

차에다 간식을 가득 싣고 심야에 전국에 있는 화물기사 휴게소를 찾아다녔다. 경부고속도로, 포항, 마산 등지에 있는 휴게소에서 휴식을 취하고 있는 동방운수창고(주)의 기사들을 찾아 만났다. 간식을 건네주면서 그들의 고충과 회사에 바라는 의견을 들었다.

'정情의 경영'을 기치로 내걸고, 회사 각 파트별 직원들과 밀착 소통을 이어갔다. 석 달쯤 지나자 냉소적이던 회사 분위기가 조금씩 바뀌면서 활기가 돌기 시작했다. 애사심은 자긍심에서 나온다. 직원들 각자가 하는 일이 회사를 위해 얼마나 중요한지 환기시켜 주고, 그것을 인정해 주는 일은 리더십의 요체이다. 재정 문제를 해결하기 위해서는 한일합섬 제품 판매사업으로 벌어들인 자금을 아낌없이 투자했다.

다행히 1981년 하반기부터 국내 경기가 오일쇼크의 충격에서 벗어나기 시작했고, 정치도 점차 안정되어 갔다. 1982년 2월, 사명을 '주식회사 동방'(이하 (주)동방)으로 변경했다. 업무 영역도 포항제철의 설비공사 중량물 운송과 설치 등으로 확장했다. 사재 20억 원을 투자하고 사채 14억 원을 끌어와서 유상증자를 단행했다. 매출도 점차 늘어 첫해에 1억 8천만 원의 흑자를 기록했다. 30억 원에 달하는 악성사채부터 변제하기 시작했다. 여세를 몰아, 당초 5년 계획이었던 것을 2년 앞당겨 만 3년 만에 회사를 완전 정상화 단계로 끌어올렸다.

첫 흑자 결과를 발표하던 날엔, 나를 믿고 따라와 준 직원들이 너무 고마워서 눈물이 날 지경이었다. 동방창고운수(주)를 내게 떠맡긴 박태준 사장님도 함께 기뻐하고 격려해 주셨다.

1970년대에 들어 경공업에서 중화학공업으로 산업구조가 재편되면서 한국 경제는 고도성장을 구가하게 된다. 이에 따라 중량물 운송량이 급증했고, (주)동방도 주력이던 철강물류사업의 호황으로 성장가도를 달리며 글로벌 종합물류 회사로서의 기초를 다진다. 전국의 주요 항만과 내륙의 교통 요지, 공업단지에 운송 및 하역장비를 설치하는 등 육상과 해상 운송 전문기업으로 발돋움하게 된 것이다.

경영관리 부문에서는 당시 비체계적이어서 단순 노무사업 정도로 인식되던 항만하역체계를 혁신했다. 인력 수급에 공개채용 방식을 도입하고 기존 직원에 대한 교육을 강화하여 효율적이고 체계적으로 운영되도록 하고 장비도 현대화했다.

회사가 성장하면서 직원 복지에도 관심을 두었다. 내가 취임 일성으로 직원들에게 한 약속을 지키기 위해서였다. 1983년 1월 1일부터 직원 자녀 등록금 지원 등을 골자로 하여 사내복지의 기틀을 마련하였다.

이후 (주)동방은 성장세를 유지하여 1986년도에는 매출액이 큰 폭으로 증가하며, 직원 수가 1,300여 명에 이르게 되었다. 또한 서울 본사, 전국에 7개 지점과 2개의 영업소, 3개의 컨테이너 하치장을 보유하게 되었다.

주요 사업으로는 항만 하역업, 컨테이너 터미널 운영, 중기 대여업, 수송업, 곤포업 등이었다. 당시 보유한 주요 장비는 모듈 트레일러 12대, 트레일러 442대, 트랙터 242대, 예·부선 선박 18척 등이다. 그리고 부실기업 인수 7년 만에 (주)동방은 마침내 1988년 8월에 한국증권거래소에 상장기업으로 이름을 올렸다.

제5공화국이 출범하면서 1981년 12월 정부는 비상설 기구로 '산업정책심의회'를 설치하고 부실기업 정리에 나선다. 중화학공업 투자조정 및 산업 합리화 정책으로 1985년 5월부터 1988년 2월까지 총 6차례에 걸쳐 부실기업 정리가 단행됐다. 해운업을 필두로 조선, 합판, 섬유, 제지, 종합상사 등 광범위한 업종에서 이루어졌다.

22개 계열사를 거느렸던 재계 서열 7위의 국제그룹은 1985년 2월 21일 제일은행장의 해체 방침 발표에 따라 공중분해되었다. 이런 상황에서 국제그룹 처리 문제로 금융권과 재계, 정치권이 숨가쁘게 움직이던 어느 날, 조흥은행에서 국제그룹 계열사인 국제방직(주) 처리를 위한 임원회의가 열렸다고 한다. 이때 국제방직(주)가 회생하기 위해서는 자금력이 풍부한 기업가가 아닌, 도산 위험 기업을 회생시킨 경험이 있는 기업가가 맡아야 한다는 결론이 내려졌고, 내가 대상 인물로 거론됐다고 했다. 이에 조흥은행장이 이 사실을 내게 알려주면서 인수 의사를 타진해 왔다.

나는 일반 운수업에서 중량물 운송과 항만하역업으로 분야를 확장하면서 (주)동방이 이제 겨우 안정 단계에 진입했는데, 방직업으로 진출한다는 것은 내키지 않았다. 방직은 생소한 분야이고 국제방직(주)가 만성적자 기업이라는 명분을 걸어서 인수를 거절했다. 조흥은행장은 당시 김○제 장관 및 정○희 차관과의 식사 자리에서 나와 접촉했던 사실을 보고했다. 이 보고를 들은 김 장관은 은행장이 요청하는데 기업인이 그렇게 단칼에 거절하는 것은 예의가 아닌 것 같으니 다시 연락하라고 정 차관한테 지시했다. 정 차관의 연락을 받은 나는 조물주께서 또 한 번 내게 과제를 주시는 게 아닐까 생각하고 임원들을 모아놓고 실무적 검토에 착수했다.

신세계백화점 뒤편에 있는 여관방에서 3개월 동안 국제방직(주)의 회생방법을 연구했다. 그리고 조흥은행장실에서 국제방직(주) 임원 및 관계자들 앞에서 내가 직접 회생방법을 브리핑했다. 국제방직(주)의 정상화를 위해서는 은행의 자금지원이 필요하다고 조건도 걸었다.

우리가 만든 회생방안이 타당했는지 모두 동의해 줬고,

국제방직(주)의 기존 대출금 1천억 원을 10년 거치 5년 분할 상환 조건을 수락해서 결국 국제방직(주)를 (주)동방이 인수하게 되었다. 1985년 8월이었다.

나는 4~5월경에 국제방직(주) 인수를 결심했는데, 한국 방직산업계가 보수적인 것을 알고 차별화 전략의 하나로서 당시 방직업계에서는 시도하지 않았던 해외 진출을 염두에 둔 것이었다. 6~7월경에 초동회 멤버인 금○호 상공부 장관을 만났더니 왜 자기한테 물어보지도 않고 인수하기로 했느냐고 걱정을 많이 했다. 생활 섬유로는 경쟁력이 없어 회생하기 힘든 기업이라고 했다. 섬유산업 쪽 담당기자들도 왜 국제방직(주)를 인수했는지 의아해했다. 그래서 해외 진출을 염두에 둔 것이라고 답했다. 약간 막연한 것이기는 했다. 당시에는 몬산토와의 기술제휴나 3저低 현상 같은 것이 오리라고는 생각지도 못했다.

국제방직(주)는 국제그룹 계열사로 1973년 2월에 설립됐다. 방적과 직조, 섬유가공업이 주력인 기업으로 충남 천안시 수신면에 9만여 평의 대지에 2만 7천여 평의 제1, 제2 공장을 지어 2천 300여 명의 직원들이 근무하고 있었다. 사내에 여자고등학교를 설치하여 중졸이 대부분이던 여직원들에게 교육 기회를 제공하고 있다는 점이 특징적이었다.

국제방직(주) 인수 초기에 회사 분위기는 아주 어수선했다. 모기업이 도산하고 소속사 경영진도 모두 바뀌니 당연한 일이었다. 나는 현장 파악을 신속하게 하기 위해 부임 초기 3개월여 동안 천안공장 사무실에다 군인용 야전침대를 갖다 놓고 숙식을 하며 근무했다. 직원들은 휴지나 쓰레기를 함부로 버리는 등 공동생활 규칙이 잘 안 지켜졌다. 그러나 편잔하거나 지시하지 않고 나 스스로가 먼저 줍는 걸 실천하고, '먼저 보면 먼저 줍자'라는 캠페인을 전개하여 점차 직원들의 호응을 이끌어 냈다.

보수적이던 섬유기업에 운수업을 하던 사람이 경영자로 부임한 데서 오는 반발도 있었다. 넘어야 할 산이었다. 방직업은 노동집약적이어서 인적 요소, 즉 직원과의 소통이 매우 중요했다. 나는 '정情의 경영'을 다시 한번 기치로 내걸었다.

배려와 포용의 직장문화를 조성하기 위해 임원 자녀와 생산직 여성 직원들이 자매결연을 맺게 하여 임원 집에서 식사도 하고 잠도 자면서 친하게 지내도록 했다. 내 막내딸도 한 직원과 자매결연을 맺고 그 직원을 집으로 초청하여 친교시간을 정기적으로 가졌다. 요즘 말로 표현하자면 일종의 멘

토 제도인데, 임원과 실무직원들이 가족처럼 보듬고 북돋우는 관계를 만들어서 서로 화합할 수 있도록 하자는 것이었다.

또한 어린 여직원들이 배움의 끈을 놓지 않도록 하기 위해 사내학교(연화여고)를 자주 방문, 학습 환경이 개선될 수 있도록 관심을 기울였다. 가정집보다 더 좋은 환경에서 일하고 공부할 수 있도록 1993년 7월에 사내학교 학생용 기숙사도 신축했다. 주거문제를 걱정하지 않고 안정적으로 회사에서 장기근속할 수 있도록 하는 복지정책의 하나였다. 당시 이 학교의 학생은 1천 300여 명으로, 1일 8시간씩 3교대 근무를 해야 해서 3개 반으로 편성하여 운영했다.

그리고 직원들과의 소통을 위해서 주 2~3회씩 3주간 정도 '청수정'이라는 고깃집에서 회식 자리를 마련했다. 팀 구성이 수석-조장-직원으로 되어 있었는데, 기술지도를 하는 남자 직원인 '수석'과 생산관리를 하는 여직원 '조장'이 참석 대상이었다. 회당 90~100명씩 참석했다. 수석과 조장이 단합이 잘 돼야 생산관리가 수월해질 것으로 생각한 것이다. 나는 수석과 조장 개개인의 요구와 애로사항을 직접 듣기 위해 한 사람씩 소주잔을 주고받으며 이야기를 나눴다. 사장과 직접 대화를 나눌 수 있는 문화의 조성이 중요하다고 생각했다. 직원들에게는 동기부여가 될 수 있기 때문이다. 그러다 보니 하루 저녁에 100잔을 마셔야 했다. 여간 어려운 일이 아니었다. 직원들에게 흐트러진 모습을 보이지 않기 위해 회식이 끝나고 차에 탈 때까지는 정신을 바짝 차리려고 노력했다.

어느 여름날엔가는 회식이 끝나고 나서 잠깐 쉴 겸해서 기숙사 쪽에 있는 풀장에서 콜라를 마시며 직원들과 이야기를 나눴다. 그리고 다음날 아침 숙소에서 잠이 깼는데 간밤에 직원들과 나눈 이야기가 전혀 기억나질 않았다. 나는 너무 걱정이 되어 간밤에 동석했던 공장장에게 혹시 실수한 게 없느냐고 물어봤다. 다행히 아무 실수도 없었다고 하여 마음을 놓은 적도 있다.

사내학교 선생들에게도 교직자는 성직자나 부모와 같은 역할을 해야 한다고 강조하고, 공부뿐만 아니라 삶에 대해서도 잘 가르쳐 달라고 부탁하기도 했다. 어린 직원들이 일하면서 공부하는 것이 힘들 것이라 생각해서 정말 잘해 주려고 노력했다. 그 덕분인지 직원들도 나를 부모처럼 생각하는 것 같았다. 이러한 나의 경영 방식은 혁신적인 것이어서 업계에 소문이 파다했다.

대한민국 역사상 본격적인 제조기업으로서 처음 등장한

것이 방직업이었다. 그 위세가 대단해서 3대 경제인 단체인 대한상공회의소, 전국경제인연합회(전경련), 한국경영자총협회(경총) 회장을 모두 방직업에서 차지했다. 그리고 자만한 나머지 해외로 진출할 생각들이 별로 없었다.

    나는 우물 안 개구리로 머물러서는 안 된다고 생각하고 국제방직(주)의 기술 혁신을 위해 한 달 일정으로 섬유산업의 본고장 미국과 유럽으로 출장을 떠났다. 미국 지역의 원면 현황, 작황, 향후 가격 동향, 섬유시장 및 패션계의 흐름 등을 광범위하게 조사했다. 특히 미국 최대의 아크릴 섬유 생산업체인 '몬산토'(Monsanto)를 방문해 아크릴 섬유 수입 조건, 아크릴과 면을 합성하는 신기술 개발 등을 협의했다. 미8군 아나운서 한 사람을 알고 지냈는데, 그 사람이 몬산토에서 상무로 근무한다는 것을 알게 되어 연결이 됐다. 유럽에 가서는 이탈리아 최대 아크릴 섬유 생산업체인 '몬테'사의 베네치아 공장과 스페인 공장을 시찰했다. 화섬산업의 변화와 신기술, 시장 전망에 대한 정보를 수집했다.

    이 출장 때 미국과 이탈리아에서 습득한 정보 덕분에 국제방직(주)는 아크릴과 면을 혼합한 새로운 원사를 개발, 출시하여 한 해 120억 원의 순익을 기록하기도 했다. 특히 아

미국 최대 아크릴 섬유업체 몬산토를 방문했을 때 몬산토 상무이던 조갈레트는 나를 자기집으로 초대해 주었다.

크릴 방적사紡績絲는 몬산토로부터 원료를 독점으로 저렴하게 공급받아 국내 업체에 공급하여 외화 절약에도 크게 기여했다. 그리고 중국 진출에도 큰 힘이 되었다.

한편, 국제방직(주)의 기계는 값싼 인도산으로 제품의 질이 좋지 않아 이를 교체할 계획을 세웠다. 처음에는 유럽산을 알아보았으나 아무래도 A/S 등을 고려해서 일본제품으로 사는 게 낫겠다고 판단하고, 도요타자동직기제작소가 만든 자동방직기를 수입하기로 했다.

최종 계약을 위해 도요타상사 사장을 만나 저녁을 먹기로 했는데, 그 사장이 대만의 하리스라는 원동기업 왕 회장과 동석해도 되겠느냐고 물어왔다. 나는 해외 정보를 입수할 기회라고 생각해 흔쾌히 수락하고, 함께 저녁을 먹으면서 업계 이야기를 주고받았다. 그런데 대화 도중 그 회장이 자기네 회사 제품 재고가 다 팔렸다는 말을 했다. 대만은 사정이 다른가 보다 했다. 다음 날 국제방직(주)의 상황 파악을 위해 전화를 걸었더니, 재고가 다 나갔는데 일시적인 현상 같다는 보고를 했다. 이상하다 싶어 귀국해서 알아보니 3저三低(저달러, 저유가, 저금리) 현상으로 국내 경기가 호황기로 접어들면서 면방 경기도 다시 살아나고 있었다.

하늘이 준 기회다 싶었다. 인도산 기계를 교체하려던 계획을 바꿔서 그 기계는 그대로 두고 3만 추짜리 공장을 증설하기로 결정했다. 1988년 2월, 국제방직 인수 3년차에 4천 평 규모의 제3공장을 완공하여 국내 면방업체 중 상위로 부상할 수 있는 재도약의 발판을 마련했다. 이로써 생산량 증가, 생산성 향상, 제품 고급화가 가능하게 되었다.

이렇게 국제방직(주)는 인수한 지 1년도 안 된 1986년 초부터 시작된 3저 현상에 힘입어 1986년엔 만년 적자에서 벗어나 처음으로 78억 원의 흑자를 기록했다. 물론 많은 노력을 기울였지만 나는 다시 한번 시운 덕을 본 것이다. 이런 결과들로 인해 나에게는 '미다스의 손'이라는 별칭이 붙었고, 경영 정상화 방법에 대한 자문 요청과 부실기업 인수 제의가 여러 건 들어오기도 했다.

6.
중화학공업 입국과 동방금속공업

1987년, 박태준 사장님은 포항제철 사업에 민간이 참여할 수 있는 길을 열어 주었다. 이로써 포항제철이 일정 지분을 소유한 3개의 회사가 설립된다. '포항강재'는 포항제철이 51%, 삼성이 49%, '동은강판'은 포항제철 51%, 동국제강 49%, '동방금속'은 동방이 51%, 포항제철(학교법인 포항제철학원)이 49%의 지분을 갖는 구조였다.

철강물류사업으로 오랫동안 포항제철을 드나들다 보니 기간산업의 소재가 되는 철강사업에 대한 욕심이 생겨났다. 그 사업을 통해 꼭 돈을 벌고 싶었던 것은 아니었다. 중화학공업 시대에 철강사업이 갖고 있는 어떤 중요성, 매력 같은 것에 이끌렸다. 나의 이런 생각을 박 사장님께 말씀드리고, 1년 가까이 사업 모델과 전략을 면밀하게 수립하여 금속회사 창업에 뛰어들었다.

    1987년 10월, (주)동방은 경영 다각화의 일환으로 동방금속공업주식회사(이하 동방금속공업(주))를 설립하여, 국내 수요 증가가 예상되는 특수강선재 부문의 가공과 도소매 사업에 진출했다. 스테인리스 스틸은 크롬이 12% 이상 함유되어 녹이 쉽게 발생하지 않는다. 항박테리아와 부식 내구성 및 가공성이 뛰어난 특징을 가진 고급강재로 주방용품이나 의료기기, 항공우주 구조물, 자동차 등의 제조에 사용되는 특수강이다.

    포항 제2연관단지 15,000평의 대지 연건평 6,500평의 공장 건설을 하기로 하고 1988년 7월 1일 착공한다. 공장 주설비는 콘소시엄 리더인 프랑스의 클로크나이나사와 국내 공급사인 현대중공업이 맡았다. 당시 우리나라 5대 취약사업 중의 하나인 열처리 부문에 신기원을 이룩하는 일이었다. 스테인리스 선재와 특수강 선재 열처리 및 산세 사업은 그동안 거의 수입에 의존해왔던 특수강 소재의 선진국형 고급제품을 국내 생산하게 되어 수입대체 효과가 컸고 수출국으로 전환

동방금속공업(주)를 방문한 초동회 회원들. 박세직 장관과 금진호 장관 등이 보인다.

하는 계기가 되었다.

내외자 400억 원이 소요된 공장 건설은 단일 규모로는 일본, 스웨덴, 프랑스, 이탈리아에 이어 세계 5번째로, 연산 5만 톤의 스테인리스 강선재와 합금강, 베어링강, 스프링강 등 특수강선재 15,000톤의 열처리 및 산세 가공 능력을 갖추는 일이었다. 그리고 1989년 3월 스테인리스 및 특수강선재 APL 공장을 준공한다. 이어서 같은 해 6월에는 철강공장을 준공하여 연산 10만 톤 규모를 갖추게 된다.

선재線材(wire rods)는 철강제품의 꽃이라고도 한다. 생활용품인 스테인리스 그릇, 상수도관, 항공기 엔진의 기름 필터, 우주복을 만드는 섬유 등 그 쓰임새가 다양하다. 선재 제품 영업은 내가 직접 했다. 일본에 많이 판매했고 대만과 베트남에도 수출했다. 대만의 스테인리스 그릇 회사(공장과 사무실이 같이 있었음)를 영업차 방문했을 때의 일이다. 공장 앞에 벤츠 승용차가 서 있었다. 당시 국내에서는 돈 많은 오너나 임원들은 직원들을 의식해서 외제차 타는 것을 꺼려하던 때였다. 그래서 넌지시 대만 분위기를 물어봤더니, 내가 정정당당하게 돈 벌어 산 차인데 뭐가 문제냐는 대답이 돌아왔다. 사장의 그런 당당한 태도에 나는 감명을 받았다.

강선재를 생산하는 동방금속공업(주) 공장 내부

동방금속공업(주)는 1989년 7월, 스테인리스 선재 및 특수강선재 생산 및 판매에 들어가 1989년 7월~1990년 6월 수출실적 1천만 불을 기록한다. 이 기간 중의 우리나라 기업 전체 평균 수출 신장률을 상회하고, 외화가득액 및 국민경제에 크게 기여한 공로로 영예의 수출탑을 받았다. 우리나라가 대부분 수입에 의존하던 스테인리스 선재를 생산, 17,000여 톤을 국·내외에 공급하여 40%의 수입 대체 효과를 가져왔다.

당시 우리나라 대표적인 선재기업은 고려제강이었다. 항공기 기름 필터와 우주복용 섬유 제조를 주로 하는 훌륭한 회사였다. 이 회사에 동방금속공업(주)가 원료 납품을 많이 했다.

동방금속공업(주)는 1990년 11월 30일, 상공부에서 주관하는 1990년도 '무역의 날'에 1천만 불 수출탑과 수출 부문 국무총리 표창을 받았으며, 1992년 11월 30일 '제29회 무역의 날'에는 5천만 불 수출탑을 노태우 대통령으로부터 수여받았다. 1995년 5월에는 LR-QA로부터 ISO9002 인증을 획득하여 글로벌 경쟁력을 배가했다. 1996년 11월 30일 '제33회 무역의 날' 행사에서는 김영삼 대통령으로부터 1억 불 수출탑을 수상하였고, 동방금속 송기환 사장은 무역진흥

2002년 7월 10일 열린 동방금속공업(주) 고객사 간담회를 마치고

을 통하여 우리나라 산업발전에 기여한 공로가 인정되어 '동탑산업훈장'을 수훈하였다.

그러나 동방금속공업(주)는 부림개발(주) 지급보증 압박과 IMF 구제금융 사태로 인해 1998년 워크아웃을 신청하게 된다. 하지만 자체 경쟁력이 있었으므로 2년여 만인 2000년 6월 워크아웃을 졸업한다. 그리고 2002년 10월에는 베트남에 Dongbang Stainless Steel Co., Ltd.를 설립한다. 동남아시장 공략을 위한 포석이었다. 공장 설립을 위해 호치민을 방문했을 때는 시장과 공단 이사장을 만나 베트남이 1975년 공산화 이후 과거 정부 때보다 경제 수준이 30년은 후퇴했다고 직언을 하면서 산업화를 위한 투자를 권하기도 했다.

이때 호치민 시장이 의미심장한 이야기를 했다. 베트남 구국 영웅 호치민은 평생을 베트남 독립과 통일을 위해 바친 사람이다. 그러나 그분이 돌아가셨을 때 남긴 유산은 옷 몇 벌과 낡은 구두가 전부였다. 이처럼 정치가는 청렴해야 한다고 했다. 권력과 돈의 관계를 명확하게 정의하는 것을 보고 내심 놀라기도 했다.

동방금속공업(주)는 이후 매년 성장을 거듭했으나, 합작회사인 포항제철 경영 환경 변화가 문제가 되기 시작했다. 회장이 바뀌면서 새로운 경영전략들이 도입되었다. 포항제철이 삼미특수강을 인수하면서 나는 선택의 기로에 서게 됐다. 2011년 6월 인적분할을 통해 (주)대호지엠을 설립하는 등 자구노력을 해보았으나 별 효과를 보지 못하고 결국 2012년 12월 동방금속공업(주) 지분을 포항제철에 매각하게 된다. 창립 24년 만이었다.

1987년 설립됐던 3개의 포항제철 합작회사 중 포항강재와 동은강판은 1993년 문민정부 출범 즈음해서 YS와의 관계 악화로 박태준 회장님이 경영 일선에서 물러나면서 포항제철에 흡수되었다. 하지만 동방금속공업(주)는 1994년 취임한 김○제 회장이 잘 평가해준 덕분에 사업을 계속 발전시킬 수 있었고, 20여 년 간 동방그룹의 성장에 큰 힘이 되었다.

7.
소중한 인연들과 인산장학문화재단

 80여 년을 살아오면서 나는 인연을 매우 소중하게 여겼다. 인연은 보통 세 가지로 나눈다. 혈연, 지연, 학연이다. 첫째는 혈연血緣이다. '피는 물보다 진하다'라는 말이 있다. 혈육의 정은 깊게 마련이라는 뜻이다. 특히 부모 자식 간이 그렇고 형제자매 간이 그럴 것이다.

 나의 경우 누님과의 정이 특별하다. 나는 평생을 살면서 누님에 대한 고마움을 잊은 적이 없다. 내겐 어머니나 마찬가지이다. 그렇지만 세월 앞에 장사 없다고 누님 얼굴에 주름살이 늘어가는 걸 지켜보고 있자니 늘 마음이 좋지 않았다. 그 마음 속 안타까움을 조금이나마 표현해 보고자, 아시아 최고

층 빌딩이라고 떠들썩하게 1985년에 개장한 서울 63빌딩에서 1990년 5월에 생신잔치를 크게 열어 드렸다. 형님들과 그 가족 100여 명이 참석하여 노래도 부르면서 즐거운 시간을 가졌다.

누님은 그후 15년 정도 더 사시다가 92세에 타계하셨다. 건강 상태가 안 좋으시다는 소식을 듣고 찾아뵈었는데, 옷을 깨끗하게 차려입으시고 밝은 표정으로 누워 계셨다. 손을 잡고 좀 어떠시냐고 했더니, 나이 들어 먼저 가니 너무 슬퍼하지 말라고 위로해 주셨다. 그 모습을 뵈니 누님이 꼭 천사 같았다. 그렇게 마지막 모습을 뵌 지 3일 후에 누님은 천국으로 올라가셨다.

우리 7형제는 종사한 업종이 다 달랐다. 기업가는 나 하나다. 그 덕에 나는 경제적으로는 좀 여유가 있어서 형님들과 그 가족에게 예전부터 지금까지도 변함없이 애정을 가지고 조금씩이나마 도움을 드리고 있다. 이제 형님들이 모두 돌아가셔서 형수님들께 용돈을 보태드리고 가끔씩 만나서 식사도 함께 한다.

큰형님이 돌아가셨을 때 조카들은 내가 알아서 돌볼 테니 새 출발을 하라고 큰형수님께 권했었다. 큰형수님은 '나는 김해김씨 집안 귀신이 되려고 태어난 것 같으니 자리를 지키겠다'고 하셨다. 그 말씀이 아직도 내 가슴에 남아 있다. 큰형수님께서 우리 집안 식구들이 단합할 수 있는 하나의 기둥이 돼 주신 것이다.

나는 서울에서 자리를 잡고 나서 부산에서 살던 큰형님 가족을 제일 먼저 서울로 오도록 하여 함께 살았다. 큰조카는 34세에 결혼시키고, 몇 년 후 연남동에 2층 양옥집을 마련하여 큰형수님이 사시도록 했다. 집안의 제사와 대소사를 위해 모이는 역할을 할 수 있는 장소라 여겨 마련해 드린 것이다.

둘째 형님께는 교직 퇴임 후부터 계속 용돈을 드렸었다. 둘째 형수님은 그 돈을 모아 부산에 아파트를 마련했다고 고마워하신다.

셋째 형님은 육군 헌병감(소장) 역임한 후 화랑무공훈장을 수훈하고 예편하셨다. 셋째 형님이 장군이 됐을 때 집안에서 큰 별이 탄생한 것이라 정말 기뻤다. 그 별을 잘 지키고 싶었다. 그런 마음에 형님에게 군인은 청렴해야 하니 만약 돈이 필요하게 되면 무조건 내게 말하라고 당부하기도 했다.

여섯째 형님은 큰형님 가족 다음으로 서울로 모셨다. 여섯째 형님은 셋째 형님이 주선하여 국립정신병원에 모셨는데

1990년 5월, 서울 63빌딩에서 열린 누님 생신 잔치.
누님의 희생이 없었다면 오늘의 나 또한 없었을 것이다.

별 차도가 없었다. 그 병원의 의사가 독립하여 가평에 신경과병원을 개원할 때 내가 일부 투자를 하고 그 병원에 여섯째 형님을 입원시켰다. 이후 형님은 상태가 많이 호전되었다.

그러나 바로 퇴원할 정도는 아니고 사회 적응이 필요해 중간과정으로 가평병원 근처에 집을 지어 돼지와 닭을 키우며 지내도록 했다. 그러나 상태가 나빠져서 다시 입원했다. 그런데 그 가평 병원장이 노인병원을 지었으면 좋겠다고 해서 그 땅을 기증하고, 형님이 돌아가실 때까지 그곳에 계시도록 했다. 이 노인병원에서는 형님을 특별대우를 하며 심혈을 기울여 보살펴 주었다.

돌아가시기 전 그 병원에서 가까운 산정호수에 있는 호텔에 방을 잡아서 이틀 동안 형제들이 함께 모여 지내며 형님의 생일을 축하해 주었다. 그때 나는 혹시나 해서 기타를 가지고 갔었다. 예상대로 형님은 기타를 잡더니 몸과 마음이 아픈 상태에서도 아주 멋지게 연주를 하며 노래를 불렀다. 그 자리에 함께 있던 형제들은 노래를 따라 부르다가 그만 모두 눈시울을 붉히고 말았다.

여섯째 형님은 내가 서울로 모시기 전 여러 친척집을 전전하며 지내셨는데, 그때 신세 졌던 집을 찾아 금전적으로나

金海金氏三賢派內德門中祭壇碑

祭壇碑銘

사람의 祖上은 나무의 뿌리와 같으니 가지의 繁昌함은 곧 뿌리의 强盛함에 있는지라 이에 모 두러 君子는 先祖의 崇榮과 祭壇의 造成하고자 꾸는 것을 들으로 三삼는다 東方으로 金宮大會氏는 先墓域의 端敬과 祭壇의 設置 및 碑文의 竪立을 實行하고자 從子 納坤으로 하여금 나에게 全心全力으로 立敎 이 碑文을 請하므로 始祖 敦宗의 爲先之道를 行하는 거룩한 事 業에 매우 크게 感動된지라 金海金氏 版圖判書 文貞公派로서 德門三賢派가 되는 바 三先生의 祖上之所로는 淸 先生諱 鍵은 始祖요 玄孫 諱 克一과 六代孫 灌洞先生諱 銍과 七代孫 三足堂先生諱 大有의 組로 享秋 및 享禮를 올리고 있으며 三賢派中 其他 祖上之位는 中始祖 兩位 및 王考 四里山墓苑으로 金海金市 長有面 內德門中에 入鄕祖는 中始祖의 十六代孫 諱 道勳으로 西山書院으로 始祖 判書朝鮮 鳳龍諱 街諱 諱 鎮五로 先祖가 이곳 金海市 長有面 內德門中 遷居하니 十七代孫 諱 鎮鎬兩位 및 諸字 諱基는 全羅南道 羅州에서 從孫으로 入鄕한지라 堂下 東龍鶴山의 士子 先生諱 致龍 諱大齊 公으로 이래 萬世가 字數를 東京帝國大學 畢業하고 治安産 德에 盡力하였다 十九代孫 諱某는 卒陽君員이 있고 內德龍頭山 西坐原에 安葬 配位正德入은 安豊崔氏 義潤의 女로 德功이 重望하였고 夫和하여 致壓力이 있었다 乾坐之原으로 甲午年十二月에 合定 配位正德人은 密陽朴氏 甲子年 五月 十三日에 出生하여 甲午年十二月에 合定이다 그의 功力이 있었고 平原의 花石이 있으니 一男二女中 長男 諱昌會하 公第一位長子 十八代孫 諱 鎭會字는 八字로 秩序整然하게 자라나 司馬員이 되었다. 平原先 安葬 配位孺人은 淸州韓氏 德根의 女로 哲誠少嗣로 淸州韓氏는 學校教師 하였다 二子 諱 洪植은 嚴淨黃正浩 女로 三子 諱大小南이나 三子 諱 根는 陸軍 少將으로 國軍退任 後後 淸州韓氏 花郞武功勳章을 受賞하였으며 大田忠淸 石郞 武功勳章을 受賞하고 五十子 諱 根基에 永俶하고 五男女 藝는 金義一義孝義明義根女素英女熹姮女鮮日로 和睦隆幹하였다 公第二代孫은 六. 二.五로 死亡하였고 五子家族은 花郞武功勳章을 받았으며 五子 家孫道가 諱仁岳이니 十二世에 一子諱穿殊는 陸軍 少將으로 六男女 李泳蘭 영순이 수열 수리 김일을 두다 先祖의 遺德을 그리고 先墓의 崇敬을 다짐하니 이것이 七男一女長子諱仁은 金甲淙女 達子이 六子를 두고 末女는 慶南鄭鄕 均으로 이어 공경하여 이곳을 女洋熙이다 女信子는 金秀 金益先의 妻이다 孫子女는 長房에 영곤 영한 영숙 영선 二房에 英根의 長男이고 三房에 李喬博 俊榮과 三子 諱梅을 지녔으니 大洞花郞裕의 俊純이 三子 次男 寅熙 靜祿 寬女 四男 俊根 裕美媛 胆枝俊의 孫子女 지냇으며 四花郞과 武勳 李 受賞하고 大田忠淸에 研究碑石 二. 二五 殉死 四子 諱 鐘은 六. 二. 五로 合定이 永久하였다 公의 世系는 諱永을 上으로 諱 基勳으로 諱와 配位 安葬은 安東金氏 甲辰年 六月에 日에 卒하고 長有面 內德의 大菊花洞 中庚坐 配位 孺人은 星州 李氏니 甲戌年 二月에 出生하여 庚辰年 四月 二日에 卒하였다. 乙子 諱永基 諱의 二子 諱 永基는 諱永會이 配位 丹陽禹氏 俊源의 女로 萬馬國首王 露王의 後裔이라 貞淑慈愛하고 婦德을 遵守하며 內助의 力이 컸다 이에 女 기다린데 집안의 後孫을 뿌리깊게 거행하고 三兄弟는 그大義와 精力을 다투어 탈하였고 二房 二十代孫 諱仁秀의 氣槪를 본받아 成年이 되어 至近히 嫡子孫의 兄弟를 모셨고 父祖의 貞敎를 자아 그大義와 功力을 다 하였다. 그 規範을 두루 알리고 國家를 中心에 두어 그 世時祭의 管理에 精誠을 다 하는 일이 있어 宿願하던 先塋 崇敬과 中央 築山 國家를 貫徹하였음이니 아무리 世世 時時祭의 管理에 精誠을 다 하는 일이 있어도 그리고 큰기둥을 열고 나나 事業을 追加하는 바 힘들었도 하여 祖上 님의 行 除을 잊지 말고 敎訓을 遵從한다면 그 家業에 盡力하여 祖上 님의 行 承承陸孫들은 孝 心念하여 이 閥門 家의 行 西紀 二十十四年 甲午 之 閏 九月에

宕山 李成主 삼가 짓고

二十代孫 容大 삼가 쓰다

마 조금씩 고마움을 표했다. 그리고 그 형님을 비롯하여 다른 형님들이 돌아가셨을 때는 막냇동생으로서 한결같이 장례식장에서 3일 동안 자리를 지키며 명복을 빌어 드렸다.

이와 함께 혈연을 위해 한 일은 문중 묘역 정비였다. 김해김씨 삼현파 내덕문중 산소들은 여러 군데 흩어져 있어 관리가 잘 되지 못했고, 참배 시에도 어려움이 따르는 상황이었다. 100여 년 동안 어려운 시기를 지나온 우리 집안의 선대를 정비·단장하는 일이 필요했다. 2014년 9월에 김해에 땅 1천여 평을 마련하고, 흩어져 있던 묘소들을 모아서 문중 묘역을 조성하였다.

지연地緣도 중요하다. 앞서 언급했듯이 서울에서 활동하는 김해 출신들로 '가락회'라는 모임을 만들어 친교를 다지고, 기금 1억 5천만 원을 모아서 김해 관내 중고등학교 학생들에게 장학금으로 매월 100만 원씩을 기부하기도 했다. 고향 내덕리에 공회당을 지어 기부한 것도 지연을 소중히 생각한 결과이다.

학창시절에 맺은 인연을 학연學緣이라 한다. 초등학교

친구 중에 박재윤 교수가 있다. 이 친구는 장유초등학교 4학년 때 같은 반으로 전학을 와서 나와 짝꿍이 되었는데, 공부를 아주 잘했다. 그의 아버지는 장유초등학교 교장이었다.

우리 둘은 김해농업고등학교에 진학했는데, 내가 고2, 이 친구가 고3이었을 때, 경남중고등학교에서 독일어를 가르치던 김해농고 허발 선배가 김해농고 교장 선생님을 찾아와 우리 둘을 여름방학 때 경남고로 전학시킬 것을 권유했다. 그 과정에서 나는 김해농고에 남았다. 그리고 이 친구는 전학을 갔는데, 두 달 후에 치른 경남고 고3 모의고사에서 250명 중 1등을 하고, 서울대 법대에 합격한다.

이 친구와는 부산과 서울이라는 물리적 거리가 있어 자주 보지는 못했다. 대학 3학년 때 고시시험을 보러 서울에 왔을 때는 첫날부터 부산으로 돌아가는 날까지 짐도 들어주고 내 시험 답안을 가채점해 주기도 했다. 그는 서울대 법대를 나와 교수가 되었고, 국민대학교 학장까지 역임한다. 후일 그에게 인산장학문화재단의 이사직을 맡겼고, 1년에 2번씩 동방그룹 직원 대상 세미나를 개최해 특강을 부탁하곤 했다.

박 교수는 정릉의 작은 아파트에서 40년 동안 검소하게 살면서 주말에는 홍천으로 내려가 400평 정도 되는 땅을 일

구며 전원생활을 즐겼다. 그는 자식 농사도 잘 지었다. 서울대 치과대학을 나온 큰딸이 서울에서 치과를 하고 있고, 둘째 딸은 이화여대를 졸업했고, 셋째 아들은 서울대 물리학과를 나와 영국 옥스퍼드대학으로 유학을 갔는데, 내가 학비를 보태주었다. 박 교수는 농사를 지어 수확한 농산물을 가끔 말없이 우리집 담장 너머로 던져주고 가곤 했다.

송복 교수는 '구지회' 멤버로 만난 친구다. 구지회는 김해중학교 2회 졸업생과 김해농고 5회 졸업생의 연합모임이다. 송 교수는 김해중학교, 나는 김해농고 졸업생으로 구지회 멤버가 되었다. 지금까지 여전히 잘 만나고 있다. 선비 같은 그 친구는 평생 기자촌에서 청빈하게 살았다. 노태우 정권, 김영삼 정권 당시 노골적으로 정치 참여를 권유받았으나 거절하고 학교에 남을 정도로 강직하다. 정치사회학자이며 우리나라 인문학에 큰 공을 세운 사람이다. 박재윤 교수와 같이 인산장학문화재단의 이사직을 맡기고 동방 직원들을 대상으로 1년에 2번씩 특강을 부탁한다. 최근에는 IMF 이후 주춤했던 인산장학문화재단 재건에 고문 역할을 맡아 전체적인 체계를 잡는 데 큰 도움를 주고 있다.

박재윤 교수 기고문

김용대 회장과 나, 그리고 동방

노란빛 개나리도 분홍빛 진달래도 한잎 두잎 계절 속으로 지고 이제는 태양이 눈부시게 빛나는 여름이 성큼 다가왔다. 흐르는 시간과 변하는 계절 속에서 잠시 지나온 세월을 되짚어 보게 된다.

김용대 동방그룹 회장과 나와의 인연은 아주 오래전부터 면면히 이어져 왔다. 우리는 경상남도 김해시의 김해장유초등학교에서 어린 시절을 함께 보내고 김해농업고등학교에서 청운의 꿈을 함께 키워 나갔다.

내가 김용대 회장과 처음 인연을 맺게 된 때로 기억을 돌려보겠다. 해방 후 나의 선친(고 박석근)께서 장유초등학교로 부임하시는 바람에 나 또한 4학년 때 김해동광초등학교에서 김해장유초등학교로 편입하게 되었는데 그때 새로 전학한 반에서 김용대 회장을 만날 수 있었다. 당시 김용대 회장은 명석한 두뇌로 1, 2등을 다툴 정도로 우수한 성적을 보였을

뿐 아니라 착하고 모범적이라 교우들과의 관계도 좋았다. 그는 새로 전입해온 나에게도 다른 친구들과 다름없이, 아니 그보다 더욱 친절하게 대해 주어서 새로운 학교생활에 빠르게 적응하며 큰 도움을 받았다. 지금 생각해도 여간 고맙지 않은 대목이다.

김용대 회장의 집에 놀러 가서 맛있는 음식을 대접받고 즐겁게 놀던 유년의 기억이 지금도 새롭다.

우리는 서로 앞서거니 뒤서거니 좋은 학교성적을 보이며 동문수학 하였고, 때로는 내가 우세한 성적을 보이곤 하였는데 아마도 내가 교장 선생의 아들로서의 이점을 누리지 않았나 싶다. 그러다 김용대 회장이 가정 사정으로 명지면으로 이사를 가게 되어 명지초등학교를 졸업하게 되는 바람에 졸업 동기는 되지 못했다. 그러나 우리가 한해 두해 나이 들어가며 옛 친구들과의 교우관계를 찾고 서로의 발전을 도모하고자 서울에 거주하는 장유초등학교 동기생들이 장우회長友會를 만들었는데, 이때 김용대 회장도 함께 하게 되어 재정적 후원을 크게 받았다.

이렇게 따로 학창시절을 보내게 된 우리가 또 다시 만나게 되었는데 역시 우리의 인연이 보통은 아니었던 듯하다. 내가 김해농고 입학과 2학년이던 해에 김용대 회장과 재회하게 되었는데, 그는 그 때 축산과 신입생으로 입학을 하게 되어 우리는 친구이면서도 고등학교 선, 후배 사이가 되었다.

유년 시절과 청소년 시절을 함께 동문수학 하게 된 우리는 미래의 꿈을 함께 설계하며 우리의 우정을 더욱 견고히 유지해 나갔다. 그 후 나는 서울 법대와 동 대학원을 거쳐 국민대 교수로 재직하다가 지금은 퇴직하여 강원도 산골에서 텃밭을 가꾸며 건강한 노후를 즐거이 지내고 있다.

그리고 김용대 회장은 부산대 법학과를 졸업하고 김택수 국회의원의 선임을 받아 그 비서관으로 근무하기도 하였는데, 이후 한일카피트판매(주)의 대표이사를 역임하며 기업가적 자질을 키워 가다 드디어 자기 사업에 뜻을 두고 주식회사 동방을 인수하여 그 탁월한 경영능력을 바탕으로 일취월장을 이루어 오늘날 동방그룹의 초석을 다지게 된다.

이에 김용대 그룹회장 이하 전 임직원이 힘을 합쳐 동방그룹을 명실공히 국내 굴지의 물류업체인 (주)동방, 섬유·유통사업을 펼치는 (주)동방생활산업, CHQ전문회사인 동방금속공업(주), 종합 IT 서비스 회사인 동방시스템(주)와 심양동방방직유한공사, 동방스테인레스스틸(베트남), 동방로지스틱

스비나 해외 현지법인 등의 탄탄한 기업체로 성장, 발전시켜 나가고 있어 자랑스럽기 그지없다.

청년 시절에는 서로 가는 길이 달라 앞만 보고 달리다가 중년에 들어서면서 친구를 기리는 마음이 생겨 연락 끝에 김용대 회장과 이미 절친한 사이였던 송복 연세대 교수가 저녁을 함께하는 자리를 마련하게 되었다. 이때 우리는 오랫동안의 회포를 풀게 되었는데 그 자리에서 김용대 회장이 자신이 기업에서 얻은 이윤을 사회에 환원하고 싶다면서 자신의 어려웠던 학창 시절을 생각하며 장학재단을 설립하고 싶다는 의사를 밝혔다. 물론 우리는 전적으로 그의 높은 뜻을 지지하고 후원하기로 의견을 모았다. 그리하여 인산장학문화재단은 그가 출자한 5억원으로 1988년 출범하여 오늘날 자본금 14억 5,800만원(2006년 말 현재)에 이르는 건실한 장학재단으로써의 위용을 갖추게 되었다.

나와 송복 교수는 인산장학문화재단의 설립 당초부터 재단이사로 취임하여 이사장인 김용대 회장을 돕고 있는데, 여기서 또 한 분, 김용대 회장이 김해농고 시절 우리의 은사이셨고 동아대 명예교수로 계신 조종택 선생님을 학창 시절 자신을 물심양면으로 도우며 애정으로 이끄신 스승의 은혜에 보답하고자 재단이사로 모시게 되었다. 김용대 회장의 이러한 보은의 뜻을 잘 아는 조종택 교수님은 이사회를 할 때마다 부산에서 서울까지의 먼길을 마다 않고 매번 참석하여 제자의 성공을 축하하고 그의 선행을 격려하였다.

인산장학문화재단은 창립 이후 오늘날에(2006년 기준) 이르기까지 전국 52개 대학, 총 218명의 학생에게 11억 9,100만원의 장학금을 지급하였으며, 그 밖에도 우수한 해외 유학생에게 장학금을 지급하는 한편, 내가 한국형사법학회 회장직을 맡고 있을 당시에도 국제학술회의 개최비로 상당액을 찬조하는 등 꾸준한 장학문화사업을 펼치고 있다. 이와 관련하여 김용대 회장은 중국과의 교류 결과 연변대학 한국학과 명예교수를 비롯하여 한·중경제문화단체의 고문을 맡아 활발한 면모를 보이고 있다.

나는 지금은 교수직에서 은퇴하여 시골의 한 촌부로 노후를 보내고 있지만 김용대 회장은 왕성한 기업가의 열정으로 그 어려웠던 IMF의 파고를 넘어서 위기를 기회로 삼아 그룹의 성장과 발전을 이루어 가고 있다. 그 덕택에 나도 현직으로서는 유일하게 인산장학문화재단 이사라는 직함을 유지하며 사회의 일원으로 한몫을 다하게 되었다. 어린 시절 까까

머리 친구로 만나 이제는 희끗희끗한 반백의 노년을 함께 하는 인생의 동반자로서 우리의 참다운 우정이 영원하기를 바란다.

마지막으로 김용대 회장과 나 그리고 동방그룹의 인연을 다시 한번 되짚어 보며 김용대 회장의 아호 인산(仁山)이 말하듯 사회에 도움을 주는 어질고 큰 산으로 우뚝 서서 오랫동안 우리 후손에게 기억되기를 바란다.

동방그룹 사보 「동방·동방인」, 2007년 5·6월호.

이 밖에 고교 친구로 아직까지 기억에 남는 친구들은 구지회 멤버들이다. 지금은 15명이 남아 있는데, 코로나19 시국에도 4명씩 나눠서 만날 정도로 끈끈하다.

사업 일선에서 한창 뛰고 있을 동안에는 동창 모임에 참석하고 싶어도 바빠서 가지 못할 때가 많았다. 해서 마음이라도 전하려고 후원금을 조금씩 보탠 적이 있다. 20년 전쯤으로 기억한다. 명지초등학교 25회 동창 모임에 1천만 원을, 김해농고 동창회에 1천만 원(재경팀 500, 부산팀 500)을 보냈는데, 몇 남지 않은 동창들이지만 아직도 이 일을 고마워한다. 기금이 넉넉해서 동창회가 잘 운영됐다는 것이다.

이러한 혈연, 지연, 학연 외에 사회활동을 하면서 만나 도움을 많이 받은 인연들이 내게는 많다. 앞서 언급한 김택수 의원님과 박태준 회장님이 나의 인생길에서는 아주 큰 인연이라 할 수 있다. 두 분 다 나보다 열 살쯤 위인데, 나를 서울이라는 곳으로 인도하고 사업가의 길을 걷게 해주신 부모 못지않은 분들이다.

그리고 아끼는 모임들이 몇 있다. 그 중에 포철회장단 모임은 30~40년 이어왔다. 내가 주최해서 두 달에 한 번씩 만나는데, 코로나19 여파로 쉬고 있다. 나이를 상관하지 않고 모두 친구로 지낸다. 멤버는 안○화 회장, 황○로 회장, 박○표 회장, 장○환 회장, 정○식 회장, 정○양 회장과 유○부 회장, 이○택 회장, 조○수 회장 등이다.

'초동회'는 주로 군 장성들로 1976년에 만들었는데, 멤버는 총 10명이었다. 오○복(국방부장관), 박○직(국회의원), 금○호(상공부장관), 유○수(일본대사), 김○동(국회의원), 박○병(보안사령관), 김○동(장군), 한○철(서울대병원장) 등이다(괄호 안은 후일 직함).

3공화국 들어 대한방직협회 회장 자리에 전직 국방장관이 왔었는데, 5공화국 때 나와 뜻을 같이 한 사람들의 노력으로 그 관행을 깨고 전남방직 김○성 회장을 추대하면서 방직업계 출신이 회장을 맡기 시작했다. 방직협회 회장단 모임은 업계 출신 회장단인 김○성 회장, 경방 김○중 회장 등이 멤버다. 김○중 회장(경제인연합회 김○완 3대 회장의 자제. 본인도 제26~27대 회장 역임)은 일본 기업인들이 자녀를 친한 기업인의 회사에 보내서 경영수업을 받도록 하는 것을 보고 아드님을 내게 부탁할 정도로 가까웠다. 그는 내가 보수적인 방직업계에서 최초로 외국(중국)에 나가서 성공하는 것을 보고, 그런 결심을 했다고 한다. 물론 나는 그 부탁을 거절했지만 그

성북동 집들이 때 와준 초동회 회원들

아드님(현 대한방직협회 회장 김○)은 지금도 나를 자기 아버지 대하듯 한다. 그리고 김○성 회장의 동생 김○성 의원은 나와 호형호제 하는 사이로 각별하게 지내고 있다.

심양 진출 즈음에 활동했던 '한중협력위원회'도 기억에 남는다. 김○하 회장 시절 대한상공회의소 회장단 36명이 중국을 방문한 적이 있었다. 한중 수교 이전이라 일본 기업인들이 주관하던 '한일협력위원회'의 도움을 받았다. 중국 동북 3성의 관문인 심양에서 시작해서 주요 도시를 시찰했다. 이때 심양에 이미 인적 네트워크를 구축해 놨던 내가 많은 역할을 했다. 방문단이 중국 현지 상황과 그들이 무엇을 원하는지 파악하는 데 도움을 주고자 했다. 당시 방문단의 일원이었던 기업인들은 실제로 중국 진출을 많이 했다.

직장에서 만난 인연도 소중하다. 동방 출신 임직원들이 은퇴 후에도 서로 만나서 인연을 이어갈 수 있도록 마포에 조그마한 사무실을 마련해 주었다. 퇴임한 동방 임원 모임(이수회)은 회원이 30여 명 되는데 지금도 매월 만날 정도로 끈끈하다. 나도 일년에 서너 번은 이 모임에 참석하여 회포를 푼다.

이런 인연들을 기억하면서 미래 세대와의 인연을 새

로 만들어가기 위해 '사람이 가장 큰 희망이다'라는 기치로 1988년 6월에 설립한 것이 인산장학문화재단이다. 크게는 국가와 사회의 발전을 위하고, 경제적 어려움으로 학업에 열중하지 못하는 학생들을 사전에 발굴해서 꿈을 키워나갈 수 있도록 지원하는 사업이다. 물론 기업의 사회적 책임을 실천하는 일이기도 하며, "보다 나은 생활을 다음 세대에 물려주고자"하는 동방그룹의 기업 이념을 실천하는 일이기도 하다.

장학생 선정 기준은 품행이 단정하고 타의 모범이 되며, 전 학기 누적평균 성적이 평균 B학점 이상이면서 F학점이 없어야 하고, 장학금 수혜기간 중 휴학이나 기타 사유로 학업을 중단할 경우 제외하며, 병역을 필한 재학생을 우선하고, 미래에 자신의 분야에서 진취적으로 활약할 자, 가계가 곤란하여 학업에 열중이 어려운 자로 정하고 있다.

이렇게 학업성적과 인성을 고려하여, 동방그룹의 본·지사가 위치한 지역에 있는 대학의 다양한 학과 및 미래산업 관련학과의 재학생을 대상으로 선정한다. 2024년도 2학기까지 총 1,223명의 학생, 4개의 교육기관, 2개의 지자체에 약 23억 원의 장학금을 지급했다. 1988년 설립 이후 10년 동안

1988년 4월 8일 (주)동방 회의실에서 열린 공익재단법인 설립을 위한 발기인 총회 장면. 이 날 재단법인 명칭을 '인산장학문화재단'으로 정하고, 기본 재산을 (주)동방 주식 10만 주(액면가 5억 원)를 기금으로 하여 배당수익으로 사업을 실시하기로 결정했다.

2001년 4월 28일 서울 롯데호텔에서 열린 2001학년도 장학증서 수여식

에는 잘 운영하였으나 1997년 IMF 금융위기로 동방그룹 전체가 흔들리면서 제대로 운영을 하지 못하고 명맥만 유지했었다. 그러다가 내가 여생 동안 해야 할 과업이라 여겨 그 과업을 이어나갈 수 있도록 2년 전부터 재단을 재정비했다. 그리고 작년에 사재를 털고, 소장품을 팔아 모은 돈을 보태어 기금 총액 100억 원을 조성했다. 이제 내가 없더라도 재단을 운영할 수 있는 기틀은 마련되었다.

인연 이야기가 나온 김에 특별한 인연 하나를 더 소개한다. 앞에 결혼 이야기를 하면서 잠깐 언급했던 미스 문과 그 어머니에 관한 것이다. 그때 한일합섬 사무실에서 미스 문을 만난 것, 그리고 죽을 뻔했던 나를 살려준 그 조산원 아주머니, 그러니까 미스 문의 어머니를 다시 만난 것은 우연이 아니었다고 생각한다.

미스 문의 아버지는 인혁당 사건 핵심인물로 오랫동안 옥살이를 하셨다. 복역 중에 특별휴가를 받아 나오셨을 때 한 번 뵈었는데, 나를 보더니 선친을 많이 닮았다고 하시며 잘 커줘서 고맙다고 하셨다. 그리고 선친이 살아계셨으면 많은 일들을 하셨을 텐데 아쉽다고도 하셨다. 앞서도 언급했지만 두 분은 친구 사이셨다.

내 생명의 은인들이 이처럼 어렵게 살고 있었는데도 나는 결과적으로 이들을 외면한 모양새가 되고 말았다. 이런 연유들로 해서 지금까지도 내 마음 속에는 내가 조물주의 큰 뜻을 거역한 것 같은 느낌이 남아 있다.

제3부

거침없는 융성의 시대

21세기를 불과 5년 남겨두고 저는 남은 생애를 통해
우리 동방을 국가와 사회가 필요로 하는
21세기형 우량기업으로 성장시키는 데
최선을 다하겠습니다.

1.
큰 그림, 동방그룹 출범

 1988년은 우리 민족사에 영원히 남을 역사적인 해다. 대한민국의 저력을 세계인의 가슴 속에 심어준 88서울올림픽이 성공적으로 개최된다. 경제적으로는 만성 채무국에서 탈피하여 무역흑자국 및 경제지원국으로 전환하고, 수입 개방과 원화 절상에도 불구하고 12.1%의 높은 경제성장률을 기록한다. 이러한 환경에서 (주)동방은 기업공개를 실시하여 사회적 책임과 신뢰를 바탕으로 성장할 수 있는 법적 기반을 마련하고 동방금속(주)도 공장 건설에 착수한다.

 (주)동방은 서해안 시대에 부응하는 각종 사업 확장과 연안 해송 강화 및 대공산권 진출, 각종 하역기기의 전용화

및 콘테이너 야적장 확충 등 대단위 투자를 통한 사업 확장과 운송체계 개편을 추진한다. 국제방직(주)는 지속적인 시설 개체를 통한 성력화 省力化(elimination of labor) 및 자동화를 시행하여 원화 절상에 적극 대처한다. 이로써 채산성 우위 제품을 계속 개발하고, 동구권 등 시장 다변화를 추구하여 매출 신장을 달성한다. 동방금속(주)도 본 공장이 완공되어 본격적인 가동에 들어가면서 신제품 개발과 판매망 구축이 탄력을 받는다.

이러한 실적을 기반으로 하여, 1990년대를 시작하면서 모기업 (주)동방은 국제방직(주), 동방금속공업(주), (주)대세관광, 동해항업(주), (재)인산장학문화재단 등 5개 회사를 계열사로 하여 그룹 체제를 구축한다. 그리고 효율적 경영을 위해 전문경영인 체제를 도입한다. 그룹 명칭을 1990년 2월 1일부터 '동방東方그룹'으로 하고 그룹 소속의 전 임직원은 '동방가족'으로 통일한다. 이것은 각 계열사 간의 전문성과 특수성을 최대한 살리면서 균형 있는 성장을 도모함으로써 경제위기를 극복하고 2000년대를 준비하기 위한 조치였다.

비로소 나는 큰 그림을 그리기 시작한 것이다. 1968년, 서울 을지로에 사무실을 차리고 한일카피트판매주식회사 간판을 건 지 22년 만의 일이다.

2.
경영철학을 새롭게 세우다

　동방그룹은 급변하는 기업 환경 속에서 살아남기 위해 제2의 도약을 꿈꾸는 경영혁신 캠페인을 전개한다. 1992년 7월에 시작한 'DASH-21C'이다. Development(성장 지향), Ace(으뜸 지향), Service(고객 지향), Harmony(전원 만족), 21Century를 결합한 것으로, 이니셜 DASH는 도전의 뜻도 있어서 중의적으로 만들었다.

　이러한 DASH-21C 캠페인을 통해, 경영혁신이 얼마나 어려운 여정인지를 자각하고 우리보다 앞서가는 선진기업들에서 지속적으로 배워야 하고, 직원을 줄이려는 것이 아니라 새로운 가치를 창조하려는 활동이라는 점을 강조했다. 또한 하나의 일시적이고 단순한 캠페인이 아니라 21세기 초일류기업, 업계 제일의 기업을 목표로 하여 동방그룹만의 기업가치와 기업문화를 새롭게 창출해 달라고 전 사원에게 당부했다.

1993년 1월 5일, 동방그룹은 21C 우리 모습을 장기 비전으로 확정하고 동방가족의 의식혁명을 가져올 신경영 이념을 새롭게 제정, 선포한다. 기업이념(mission)은 "우리 동방은 동방인의 삶과 성장의 터전으로서 인류복지 향상에 이바지하고, 보다 나은 생활을 다음 세대에 물려주고자 합니다"라고 정했다. 비전(vision)은 ACE & BEST COMPANY, 경영이념은 "신뢰를 주는 경영, 사랑받는 경영, 꿈을 만들어가는 경영"으로 정했다. 사원정신은 "나는 전문가로서 팀워크를 중시하고 변화의 리더로서 새로움에 도전한다"로 정했다.

동방그룹의 명예와 자존심을 담아 새로운 CI도 만들었다. 이 CI는 세계화의 의지를 영문 워드마크로 형상화했으며, 영문 O와 하단부의 타원 모양은 굳건한 대지 위로 힘차게 솟아오르는 태양을 상징하는 것으로서 내 아이디어가 들어간 것이다. 공식적인 선포식은 1995년 1월 마포 사옥 준공식과 함께 진행했다.

1995년 1월에 공개한 동방 그룹 CI. 굳건한 대지(하단부의 타원) 위로 힘차게 떠오르는 붉은 태양(영문 O)을 형상화한 것이다.

1990년대 동방그룹의 고민과 지향점을 가늠하기 위해, 대표적으로 1994년도의 그룹 운영 방향을 살펴보자.

첫째, 자율경영체제 확립, 둘째, 세계화 경영 조기전력화, 셋째, 경쟁력 제고 활동 강화, 넷째, 기업문화 정착으로 잡았다.

첫째로 자율경영체제 확립 부문에서는 사별 장기발전계획의 공유 및 능동적 실행을 비롯하여 21세기형 신규사업의 발굴과 사업구조 조정, 그룹 공동체 의식을 전제로 한 책임경영 확립 그리고 전 구성원이 자발적으로 참여하는 경영 풍토를 조성하기로 한다.

둘째, 세계화 경영 조기전력화 부문에서는 세계 수준의 경쟁력 확보를 목표로 상사 기능을 획기적으로 강화하여 해외시장 개척에 주력하는 한편, 지난해 준공한 중국공장 등 해외법인의 조기 정상화와 해외투자 촉진에 심혈을 기울여 조

1992년 6월에 개최한 동방그룹 임원 경영혁신 워크숍

직 인재의 세계화 훈련을 강화하고 외국 선진기업과의 전략적 제휴를 늘려나가기로 한다.

셋째, 경쟁력 제고 활동 강화 부문에서는 CSQM 경영의 도입 및 정착과 생산성 향상 및 품질 강화 활동의 지속 추진을 비롯하여, 전산시스템의 조기정착 및 레벨업 그리고 내외부 경쟁력에 대처하는 능력을 제고하고 전략경영을 실천하도록 한다.

넷째로, 기업문화 정착 부문에서는 신경영 이념의 가시화 및 행동원칙에 부합하는 인재 육성과 그룹 CI의 조기정착 및 그룹 공동체 의식 함양 그리고 개혁, 개방, 지방화 시대에 부합하는 기업 풍토 조성에 총력을 경주하도록 한다.

21세기 초우량기업이 되려면 새로운 기업가치와 기업문화를 창출해야 했다. 기업가치는 결국 고객의 효용가치다. 우리 동방의 제품과 서비스가 고객들의 효용가치를 얼마나 더 높여 줄 수 있느냐가 기업가치라는 말이다. 기존의 제품과 서비스를 질적으로 개선시킨다면 그 기준이나 목표가 되어야 할 점은 바로 고객들의 효용가치 증대일 것이다. 기술개발이나 설비투자 역시 그 기준이나 목표는 고객의 효용가치를 증대시킴으로써 궁극적으로 고객만족을 달성하는 것이며, 신규

사업을 추진하는 부분도 역시 동방의 고객에 대한 신규가치 창출에 해당되는 것이다.

좋은 기업은 나름대로 독특한 자기 문화를 가지고 있다. 이를테면 정책결정에 대한 직원들의 참여도가 높다든가, 가족문제에 대해 회사가 관심을 나타낸다든가, 혹은 형평성 있는 이익분배제도, 명랑한 직장 분위기, 그리고 경영진과 종업원 간의 신뢰 같은 것들이다. 또한 내부승진의 비율과 직장 안정성, 공정성 등을 높여가고, 공동체 의식과 동료들 간의 인화를 중시하는 사풍 등을 볼 수 있다.

그리고 그룹의 외형을 확장하기 위해 1994년 9월에 (주)동방국제운송을, 1995년 1월에 (주)동방EUC를, 1995년 5월에 동해항업(주)를 창립한다.

3.
한국 최초의 방직업 해외 진출, 심양동방방직

내가 중국을 출입하기 시작한 것은 1989년인데, 국제방직(주)의 중국 진출 타당성을 조사하기 위한 것이었다. 이것은 보수적이던 국내 방직업계에서는 누구도 생각하지 못한 도전적인 행보였다. 조○제 박사의 도움이 컸다. 그가 중국종합개발연구원(CDI) 원장과 등소평의 딸(과학원장)을 소개해 줬는데, 등소평 딸을 통해 마홍이라는 중국 경제 책사를 알게 되어 후일 많은 도움을 받기도 했다. 마홍은 『중국 현대화의 야망』(한국어판은 신태환 역, 한국경제신문사, 1993)을 써서 주목을 받기도 했다.

조 박사는 일본에서는 드물게 도쿄대와 게이오대에서 박사학위(Ph.D) 각각 받았고, 영어·일본어·중국어에 능통한 실력자였다. 조 박사는 하와이대학 안에 설치된 동서문화센터(East-West Center) 총장을 지냈다. 이 대학원은 당시 한국의 장·차관 120여 명이 졸업할 정도로 한국 정계에 영향력이 있었다. 조 박사는 거의 장·차관급으로 구성된 동아시아경제연구소를 차려 1987년부터 2015년까지 매년 동북아경제포럼을 한국(서울·인천·부산 등), 일본(도쿄·교토·오사카 등), 중국(베이징·하얼빈 등)에서 개최했는데, 한국·일본·중국·소련·몽골·북한 등의 정·재계 인사들이 참여했다.

1988년 하얼빈에서 열린 동북아경제포럼에 내가 동아시아연구소 임원 자격으로 참석했을 때의 일이다. 함께 참석한 이○승 의원과 호텔 옆 송화강松花江 강변을 아침에 산책하는데 중국 사람들이 바글바글했다. 중국은 식구가 많다보니 집의 구조가 1층에 아이들, 2층에 부모, 3층에 조부모가 사는 형식이라고 한다. 당시 한국은 일을 할 사람이 부족할 때라 저 중국 사람들을 한국에 다 데려다가 일을 시키고 싶은 생각이 들었다. 고대시대 예맥족이 이동했던 루트처럼, 송화강을 건너 발해만을 거쳐 평양을 지나 서울로 사람들을 데려가면 어떨까 생각했다.

    이 행사기간 중에 하얼빈 시장, 운수국장 등 중국 관리들을 따로 만나는 기회가 있었다. 그들은 내가 한국항만운송협회장을 맡고 있다는 것을 알고 경제와 물류에 관한 조언과 강연을 부탁했다. 나는 흔쾌히 수락하고 1시간 정도 즉석 특강을 했다. 중국에는 황하강, 양자강 같은 큰 강이 많으니 강을 이용한 운송을 발달시키는 것이 좋을 것이라는 내용이었다. 한국은 노동조합 때문에 어려움이 많지만 중국은 가능하다고 했다. 중국 관리들은 이 특강을 듣고 큰 감명을 받았다며 감사를 표했다.

    2000년대에 들어서 동북아경제포럼이 일본 니카타에서 열렸을 때의 일화 하나를 덧붙인다. 포럼 주최를 시市에서 했는데, 마지막 날 클로징 만찬을 하고 나서 한국, 중국, 일본 대표단의 중요 간부들 열댓 명이 시장 관사에서 따로 모였다. 관사는 지하에 온천, 1층에 사무실, 2층에는 다다미로 된 연회실로 구성되어 있었다. 연회실에 들어섰더니 깔끔하게 차려진 테이블마다 장식물로 '스즈키'(억새, 薄)가 꽂혀 있는 게 눈에 들어왔다. 계절을 알려주는 감각이 신선하게 느껴졌다.

    대화와 술잔이 오가는 중에 나는 「카레 스즈키」(시든 억

새)라는 일본 노래를 아느냐고 물었다. 1930년대 엔카라고 해도 일본 사람들이 모른다고 하며 한번 불러보라고 했다. 가사가 슬픈 내용이어서 감정을 넣어 구성지게 불렀더니 반응이 뜨거웠다. 노래가 끝나자 참석자들이 '앙코르'를 외쳤다. 사양했으나 거듭 요청이 있어서 그럼 한국 노래를 하겠다 하고 조용필의 「돌아와요 부산항에」를 불렀었다. 이 자리에는 박○용 의원, 조○제 박사 등이 동석했었다.

한편, 조 박사님이 가교 역할을 해서 '동아시아 개발은행 설립 프로젝트'를 추진했었다. 이 프로젝트에는 동방그룹 계열사인 대세관광을 활용해서 심양에 리조트를 짓는 사업도 있었는데, 조 박사님이 돌아가시는 바람에 수포로 돌아가고 말았다.

동북아경제포럼은 지금도 개최되고 있다. 이 포럼은 동북아은행을 설립하여 일본-한국-중국-러시아를 잇는 해저터널 건설계획을 가지고 있다. 3년 전쯤에 중국 시진핑 주석이 이와 비슷한 계획을 발표하기도 했다. 그러나 조 박사가 돌아가시고 나서 진행이 원활하지 못하다. 나도 요새는 포럼에 직접 참석은 못하지만 해저터널 계획이 성공적으로 추진되면 좋겠다는 바람이 있다.

1980년대 말경 중국은 경제개발에 성공한 한국 기업인으로부터 시장경제 도입에 필요한 정보와 지식을 얻으려고 했다. 심양瀋陽 정부에서는 경제고문단회의라는 것을 만들어서 그런 기능을 수행하게 했다. 이 회의는 매년 두 차례 열렸다. 나는 한국기업인 중 처음으로 심양경제무역고문으로 위촉되어 1992년 7월, 중국종합개발연구원의 초청으로 심양을 방문했다. 방문 당일 아침에 심양TV 뉴스에 방영될 정도로 현지에서도 큰 관심을 받았다. 모수신 시장 재임 시에는 심양 정부로부터 심양시 명예시민권을 받기도 했다.

중국 심양지역은 북한 신의주와 철도 왕래가 빈번한 곳이었기 때문에 우리나라 북방 교역의 중심지로 주목을 받았다. 한중 수교 이후 중국에 대한 관심이 한국 재계에서 점차 고조되고 있었고, 심양은 특히 일본 기업보다 한국 기업을 선호하는 경향이 있어서 유리한 투자지역이라고 판단했다.

1992년 11월, 나는 중국 심양 외자기업 1호로 현지법인 '심양동방방직유한공사'(이하 심양동방방직)를 창설하고, 1993년 6월 22일 현지 공장 준공식을 가졌다. 한국 방직업체의 중국 진출 1호로서 자부심도 있었지만, 실패하면 안 된다는 의무감 또한 무겁게 느껴졌다. 나는 이날 준공식 기념사에

심양동방직유한공사 공장 준공식에서 기념사를 하는 모습

심양동방방직유한공사 공장 준공식에 참석한 내외빈과 임직원들

서 이렇게 강조했다.

"심양공장은 그동안 3년 가까이 한국의 동방방직(주)와 중국 심양시 사이의 힘든 여정을 거쳐 이루어진 커다란 결실이다. 예부터 한국과 중국은 역사적, 민족적 동질성을 토대로 돈독한 유대관계를 이어온 바, 앞으로 21세기 동북아 시대를 열기 위해서 양국 간의 민간경제 협력이 더욱 확대되어야 하고, 한국이 보유한 기술, 자본, 창의성과 중국이 보유한 인적, 물적 자원이 결합할 때 인접한 양국은 상호 발전을 도모할 수 있으며, 상호 번영의 토대를 마련할 것으로 사료된다."

요녕성에 심양방직이라는 대규모 회사가 있었는데, 나한테 위탁경영 요청이 들어왔었다. 그러나 검토해 본 결과 새로 창립을 하는 것이 낫다고 판단했다. 그리고 자본금 530만 달러를 포함하여 총 1,100만 달러를 단독 투자하여 요녕성 심양시 수출가공구 내에 대지 3만 평, 건평 1,300평을 6개월에 걸쳐 설비를 이전하여 준공했다. 고용 창출 효과는 1천여 명에 달했다.

이 공장은 천안 공장에 있던 인도산 방적기를 이전한 것이다. 당시 중국에 중고기계를 이전 설치하는 것이 금지돼 있었지만, 아크릴에 면을 혼합하는 국제방직의 기술을 무기로

1996년 10월 중국 심양 방문 때 모수신 시장이 주최한 만찬회에서 모 시장과 환담을 나누는 모습

설득했다. 이때 앞에 언급한 등소평 딸 같은 중국 내 인맥의 도움을 많이 받았다.

방적기 7만 추, 연간 1,200톤 생산 규모로 높은 인장력과 우수한 균제도 및 저신도를 갖춘 우량 제품(화섬사 및 혼방사)을 생산·판매했다. 1995~1996년 4만 추를 증설하고 2008년 신규 공정라인으로 교체하는 등 지속적인 설비 투자를 시행했다. 그 덕에 한때는 심양시 외국투자기업 중 매출과 생산성 부문 1위를 달성하기도 했다.

이러한 중국 현지화 전략과 함께 나는 2천여 명에 달하는 직원들의 복지에도 노력을 기울였다. 그리고 요녕대학교 한국어학과 개설과 한·중·일·러의 동서문화 교류를 활성화하는 데 기여했으며, 요녕대 한국어학과 명예교수와 한중 경제문화재단 고문으로 활동하기도 했다.

요녕대학에서 초청강연을 한 적이 있다. 강의주제는 '한국의 급격한 경제발전이 가능했던 이유와 그 과정 그리고 미래'였다. 주 내용은 이렇다.

한국과 중국의 국민성은 같다. 그 이유는 한국의 조상은 엄밀히 말하면 예맥족이며 중국의 문화를 한국 방식으로 재해석 및 재창조하여 오늘에 이르렀기 때문이다. 한국은 이제 개발경제에서 성장경제가 되었다. 그 과정은 박정희 대통령이 재임 시절 경제개혁 의지가 있어 가능했다. 농경사회→경공업 발달→중화학공업 발달 수순대로 한강의 기적을 이뤄낼 수 있었다. 농경사회였던 한국을 전반적으로 발전 및 부흥시키기 위해 국민들이 다 같이 참여할 수 있는 '새마을 운동'으로 사회적 정책을 시행하였고 교육의 중요성을 강조하여 교육을 장려했다. 경공업 도입 당시 모든 국민들에게 일자리를 마련해 주기 위해 국가 차원에서 노력했다. 그러나 경공업이 발전에 어느 정도 한계가 나타나자 중화학공업을 도입했다. 원활한 경제활동을 위해서는 물류가 중요했으므로 고속도로 건설을 추진했다. 이러한 박정희 대통령의 업적은 대한민국 경제발전의 핵심이라고 할 수 있다.

그리고 나는 다음 단계의 경제발전은 재정경제이기 때문에 금융업이 활성화되어야 하며 은행과 증권시장이 부흥해야 한다고 강조했다.

한편, 국내에서는 1993년 11월, 국제방직(주)은 사명을 동방방직(주)로 변경하고 동방산업개발(주)를 흡수합병하면서 1997년에는 동방T&C(주)로 변경한다. 그리고 1998년 IMF 사태 때 워크아웃을 신청하고, 2000년 3월에 (주)동방생활산업으로 한 번 더 사명을 변경한다. 2002년 8월에는 방적기 3만 추 규모의 천안 공장을 설립했고, 2004년 9월 워크아웃을 졸업한다.

그러나 2007년경부터 3만 추 규모의 시설이 해외 경쟁업체에 밀리면서 대규모 적자가 발생하기 시작했다. 도산 방지를 위해 2011년에 회계 조정을 실시했고, 필요자금을 확보하기 위해 2013년 초에 심양공장 설비 매각을 결정했다. 하지만 노후화된 설비를 매입할 업체를 찾지 못해서 경방 김○ 회장(현 대한방직협회 회장)에게 부탁했다. 김 회장이 성심으로 노력해줘서 약 50억 원에 인도네시아 업체에 설비를 매각할 수 있었다. 그리고 2016년 심양동방방직을 정리하면서 원사생산 사업에서 완전 철수를 했다. 2019년 내 지분 30억 원을 포기하고 동방시스템(주)와 합병시킴으로써 동방생활산업(주)를 최종 정리했다.

방직공장이 중국으로 진출하는 과정과 철수 단계에서 중국의 유력인사들과의 인간관계가 많은 도움이 되었다. 중국은 '관시關係', 한국은 '정情', 일본은 '와和'라는 말처럼, 중국에서는 역시 인간관계가 중요했다. 30년 전인 그때만 해도 중국에서 비즈니스를 할 때 무엇이 중요한지, 어떤 것을 조심해야 하는지 전혀 알려지지 않은 시절이었다. 나는 정말 운 좋게 중국에 진출할 수 있었고 무사히 철수할 수 있었다.

"젊었을 때는 돈을 빌려서라도 훌륭한 인맥을 만들어야 한다. 물은 어떤 그릇에 담느냐에 따라 모양이 달라지지만, 사람은 어떤 친구를 사귀느냐에 따라 운명이 결정된다." 히구치 히로타로樋口廣太郎 아사히맥주 사장의 말이다. 기억할 만한 경구라고 생각한다.

4.
최장수 한국항만운송협회장

한국항만운송협회는 항만물류산업의 발전과 회원사들의 권익 향상을 위하여 1977년 설립된 단체다. (주)동방도 회원사로 가입되어 있어 1983년 밴쿠버에서 열린 세계항만물류회의에 참석했다. 1987년 세계항만물류회의를 서울에 유치하기 위한 특별방문단이었는데, 대회 유치를 성공시켰다.

이때 나는 밴쿠버에 15일간 체류했다. 밴쿠버는 서울 정도의 면적이었는데, 인구 100만 명에 도시의 3분의 2가 스탠리 파크라고 하는 공원으로 조성돼 있어 아주 쾌적했다. 당시 세계 5대 미항美港으로 꼽힐 만했다. 마침 지인이 포항제철 밴쿠버 주재원을 연결시켜 준 덕분에 다양한 경험을 쌓을 수 있어 공부가 많이 되었다.

밴쿠버 행사를 마치고 아침 8시 비행기를 타고 미 대륙을 가로질러 뉴욕으로 가면서 대여섯 시간 동안 그 광활한 땅을 내려다봤다. 미국이 참 대단한 나라라고, 발전 가능성이 큰 나라라고 느껴졌고 이런저런 상념들이 떠올랐다. 미국에 비하자면 한국은 코딱지만한데, 이데올로기나 지역감정 등으로 분열되고 있으니 개탄스러웠다.

이 출장을 마치고 온 후 마침 계열사 임원 인사가 있었다. 나는 과감하게 호남 출신 3명을 발탁했다. 경상도 간부들의 반발이 심했지만, 나는 통합의 시너지 효과가 있을 것이며, 글로벌 회사가 되려면 직원들에게 능력 우선주의라는 메시지를 줘야 한다고 그들을 설득하고 밀어붙였다. 뉴욕행 비행기에서 우연히 얻게 된 통찰을 관철한 것이다.

이듬해인 1988년 3월, 나는 한국항만운송협회 제11차 대의원 정기총회에서 만장일치로 제3대 협회장에 피선되었다. 이 협회는 (주)동방을 비롯하여 대한통운, 한진, 세방, 고려종합운수 등의 회원사 상호 간의 친목 도모, 항만운송 기능의 향상 및 합리화 추진, 하역사업의 건전한 알선 등을 하는 항만하역 관계사의 대표적 협의기구였다. 당시에는 회원사가 119개로, 부산, 인천 등 전국 10개 지역에 각 지구협회를 운영하고 있었다.

협회장은 한진그룹 조○훈 회장 후임으로 동아그룹 최○석 회장이 맡을 차례였으나 고사하는 바람에 내가 맡게 되었다. 조 회장과는 박태준 회장님실에서 만나 알게 되어 친분이 두터운 사이가 되었다. 이 인연으로 후일 (주)동방이 소공로에 있는 한진빌딩에 입주하게 되었고, 30년이 지난 지금까지도 인산장학문화재단 등 동방 계열사에서 사용 중에 있다.

당시 한국항만운송협회는 어려움에 처해 있었다. 매년 항만노조와 단체협상을 해야 했는데, 이게 난제 중에 난제였다. 내가 협회장에 추대된 것은 정부와 노사간의 입장을 이해하면서 잘 조율할 수 있는 인물이 거의 없었기 때문이기도 했다. 나는 항만하역 업무를 오랫동안 해왔기 때문에 항만노조의 생리를 어느 정도 파악하고 있었다. 또한 노조 간부들과 호형호제 할 정도로 아주 각별하게 지내며 정성을 다해서 관계를 유지하고 있었다. 노조가 나를 존중해 준 이유 중에는 단체협상 시에 정부측 대표가 주로 항만청장이었던 것을 한 단계 격상시켜 교통부 장관이 나오도록 압박, 관철시킨 것이 한몫 하기도 했다.

당시 부산엔 부두 수보다 하역업체 수가 더 많고 노동조합이 별도로 존재했기 때문에 업무도 혼란스럽고 이권 다툼이 치열했다. 또한 부두 노동자 임금은 정부에서 지정하고 부두 임대계약은 하역업체가 항만청과 별도로 계약하게 되어 있어 하역업체는 경영환경이 어려웠다. 나는 이를 합리적인 시스템으로 개혁할 필요가 있다고 생각했다. 대학생 때 부산역 하역부 아르바이트 시절이 생각나서 더 애착이 갔을 수도 있다.

나는 개혁방안으로 크게 세 가지를 추진했다. 첫째가 부두운영회사제도(TOC시스템: Terminal Operation Company System)의 도입이었다. 이 제도는 부두별로 하역업체를 지정하는 것이다. 부두 확보를 위한 하역업체의 출혈경쟁(덤핑)을 막자는 의도였다. 두 번째 개혁안은 TOC제도 도입에 강제성을 부여하기 위해 하역업체에 일정액의 보증금을 납부하도록 했다. 계약을 위반할 경우 페널티로 이 보증금을 압수하도록 한 것이다. 이 TOC와 보증금 제도는 1997년 실제로 도입이 됐다. 그리고 세 번째 개혁안은 부두노동자들의 정규직화(상용화)였다. 고용을 안정시키고, 임금도 하역회사가 정할 수 있게 하는 것이다. 이러한 과정에서 임기 2년을 연임하고 퇴임하려고 했다. 그러나 그동안 추진되었던 개혁안들을 성공시키려면 더 연임해야 한다는 요구가 교통부 장관과 항만청장, 청와대 쪽에서 있었다. 이런 사정으로 나는 한국항만운송협회장을 1999년 1월까지 무려 11년을 하게 된다. 사실은 좀 더 협회장을 했어야 했다. 세 번째 개혁방안이었던 부두노동자들의 정규직 전환 작업이 막바지에 이르고 있었기 때문이다. 8개 부두를 관리하는 13개 회사와 거의 합의에 이른 상태였다.

그러나 IMF 사태가 터지면서 동방그룹 문제가 너무 급박하게 돌아갔기 때문에 어쩔 수 없이 나는 사임을 하고 동방 정상화에 집중하게 된다. 현재까지도 부두노동조합은 항만물류회사 정직원으로 들어가지 못한 상태로 있고, 항만물류회사들은 서로 경쟁해야 하는 구조여서 안타까운 마음이 든다.

우리나라는 3면이 바다다. 따라서 해운은 전략적으로 매우 중요한 산업이다. 그런데 '해양'과 '수산'을 합쳐서 해양수산부를 만들어 놓았다. '해양'(해운)은 3차 산업이고 '수산'은 2차 산업이다. 전혀 다른 것이다. 해상 운송, 특히 컨테이너선船의 대형화는 매우 시급한 문제다. 일본은 3개 해운

회사를 합쳐서 1개사로 대형화했다. 그래도 세계 6위에 불과하다. 우리나라도 한진과 현대상선을 합병하고 국가예산을 투입해서 대형화한 후에 다시 민간에 돌려 주는 방식을 생각해 볼 필요가 있다. 어쨌든 수출입으로 먹고사는 우리나라는 해운 분야에서 국제 경쟁력을 확보해야 국가경쟁력이 올라갈 수 있다.

1995년 1월 24일 열린 한국항만운송협회 정기총회에서 3년 임기의 회장으로 유임됐다.

5.
마포대로 시대, 사옥을 짓다

1990년대에 나는 또 하나의 꿈을 실현한다. 다름 아닌 동방그룹 사옥을 짓는 일이었다. 사옥 신축의 첫째 이유는 부동산 투자였다. 입지 선택을 두고 임원들과 논의한 끝에 마포대로로 결정한다. 마포대로는 별칭이 '마포 귀빈로'였다. 국회의사당이 있는 여의도로 가는 길이었고, 김포공항에 내린 해외 귀빈들이 청와대로 가는 길이었다. 이 주변을 대대적으로 정비한다는 정부의 계획이 수립된 상태여서 정치인이나 기업가들이 탐을 내는 지역이었다. 당시만 해도 마포대로에는 홀리데이인서울, 서울대 총동창회 건물, 신용보증기금 빌딩, 효성상가, 법원 건물 등 몇 개를 제외하고는 모두 낙후된

집이나 건물들이 대부분이었다.

박○훈 전무가 토지 매입을 총괄하느라 고생을 많이 했다. 신속하게 진행하기 위해 현찰로 구입하는 방법을 사용했다. 당시 동방방직이 현찰을 700억 정도 보유하고 있어서 동방방직 명의로 구입했다. 전례가 없는 개발 방식이어서 구청의 터무니없는 요구사항이 많았다. 인근에 도로 정비를 위한 땅을 구입해서 기부채납을 하라고 요구했다. 도로용으로 구입하다 보니 집이 반쪽 나는 경우도 있었고, 어느 부동산 업자는 알박기를 하고 버티는 바람에 23평짜리 1채는 두 배 이상의 값을 치르기도 했다. 가격 조정권은 전○일 실장이 갖고 협상에 임했다.

건축은 (주)동방 기획실에서 주관했고, 계약 주체는 동방방직(주)였고, 건설사는 삼환기업이었다. 1992년 3월에 착공식을 거행하고 약 3년의 공사 기간을 거쳐 1995년 1월 20일, 드디어 준공식을 가졌다. 공덕5거리 마포대로 130번지에 멋진 하얀색 빌딩이 우뚝 섰다. 7개의 계열사에 5,000명의 직원을 거느린 동방그룹은 드디어 마포 신사옥 시대를 열게 된 것이다.

서○재 총무처 장관, 금○호 상공부 장관, 박○용 대통

마포 사옥 전경

1995년 1월 20일 열린
마포 사옥 준공식 장면

령 비서실장 등 400여 명의 내외빈이 참석한 이날 준공식에서 기념사를 했다.

"무릇 기업은 국가와 사회에 유익해야 하며 고객들의 삶의 질을 개선시킬 수 있어야 한다고 생각합니다. 특히 '다음 세대의 보다 나은 생활을 추구해야 한다'는 것이 평소 저의 소견이기도 합니다. 이제 21세기를 불과 5년 남겨두고 저는 남은 생애를 통해 우리 동방을 국가와 사회가 필요로 하는 21세기형 우량기업으로 성장시키는 데 최선을 다하겠습니다."

이 사옥은 인텔리전트 빌딩으로 대지면적 587평, 건축면적 6,851평, 지하 6층, 지상 18층으로 세워졌다. 효율적인 업무처리를 위한 빌딩자동제어시스템의 하이테크 빌딩으로서 최적의 사무자동화 업무용 빌딩이었다. 건물 외관을 화강석으로 하여 중후하고 고급스러웠다.

(주)동방 본사와 동방방직(주) 서울사무소, 동방금속공업(주) 서울사무소, 동방산업(주) 서울사무소, (주)대세관광, (주)동방국제운송, (주)동방EUC, 인산장학문화재단 등 주요 계열사들이 한곳에서 업무를 볼 수 있게 되어 업무 효율성이 제고되었다. 직원들의 자부심 또한 높아졌다.

동방그룹사 사용 공간을 제외한 나머지 공간은 임대를 주었다. 1층에 조흥은행을 유치하려 했으나 조흥은행 내부 사정으로 불발되어 보람은행이 입점했다. 그리고 특별한 분들이 입주하기도 했다. 또한 전직 장관들 모임인 '마포포럼'에 사무실을 제공하기도 했다.

6.
뼈아픈 패착, 동방마트 창업과 부림개발 인수

　유통사업 아이디어는 1996년 미국 출장길에서 얻은 것이다. 당시 유학 중이던 큰딸과 함께 세계 최대의 기업형 슈퍼마켓인 '월마트'에 가서 쇼핑할 기회가 있었다. 주차장이 넓고, 계단이 없고, 단층이었다. 규격화된 상품이 질서정연하게 진열되어 있었다. 여행하는 기분으로 쇼핑할 수 있게 철저하게 소비자 중심으로 설계된 동선과 편의시설에 그만 감동하고 말았다. 내 머릿속에는 비어 있던 동방T&C(주) 아산공장에 월마트가 어느새 오버랩되고 있었다. 남은 출장 기간 내내 새로운 사업 구상을 하고, 귀국하자마자 사업 준비에 들어갔다.

국내 최초의 대형 할인점이라는 '이마트'가 1993년 11월 서울 도봉구 창동에 1호점을, 1994년 10월에 프라이스 클럽(Price Club)이 서울 양평동에 오픈하면서 선풍적인 인기를 끌었다. 이로써 그동안 제조업체가 상품의 가격을 결정하는 관행이 무너지게 되었다. 유통업의 혁신이었다. 여기에 더하여 내가 구상하는 '하이퍼마켓'은 교외 위치, 지역 밀착, 저가 지향, 원스톱 쇼핑, 생활문화 서비스가 가능한 새로운 형태였다.

중국법인으로 설비를 이전하여 비어 있던 제1공장 건물과 유휴부지 약 9천 평을 활용하기로 했다. 판매시설과 넓은 주차장, 야외영화관 등 편의시설을 갖춘 3천 평 규모의 하이퍼마켓을 개점하여 저가지향형 도소매 마켓으로 물가 안정에 기여하겠다는 목적을 명기하여, 공장 건축물을 판매시설로 용도 변경해 달라고 신청했다. 그러나 아산시는 역세권 신도시 개발계획을 수립하는 중이라는 이유로 1년 반이나 시간을 끌다가 1997년 5월에야 허가를 내주었다.

1997년 12월 5일, 신개념 원스톱 쇼핑 공간 '동방마트' 1호점인 아산점을 오픈했다. 일용 잡화에서부터 의류, 농수산물 등 다양한 품목을 도매가격으로 판매했다. 대형마켓이 있는 천안이나 평택까지 가지 않고도 지역 내에서 저렴하게 쇼핑을 할 수 있어 아산 지역 물가 안정과 지역경제 활성화에 나름대로 기여했다.

그동안 동방그룹의 사업구조는 B2B 거래여서 일반 소비자를 직접 상대한 경우가 거의 없었다. 하지만 유통센터는 B2C 구조였기 때문에 축적된 노하우가 없어서 세심하게 준비해야 했다. 한편으로 그룹 차원에서는 사업구조 변환을 테스트해 볼 수 있는 기회였다. 또한 동방그룹의 상호가 선명하게 디자인된 유통센터 셔틀버스가 아산 지역을 순회했는데, 이것은 처음으로 일반인을 대상으로 기업 브랜드를 홍보하는 기회이기도 했다.

다행히 시장 반응은 상당히 좋았다. 아산점은 대학생들 사이에서 꼭 가봐야 할 명소로 소문나면서 핫플레이스로 자리를 잡을 정도였다. 여세를 몰아 1999년 9월 17일에는 2호점인 대전점을, 2005년 4월에는 대전 탄방점을 개점했다. 그러나 천안지역에서부터 퍼져나간 악성 루머가 치명타를 안겼다. 동방마트(주)가 일본기업이라는 소문이었다. 이용객 수가 점점 줄어들었고, 경영이 어려워져 결국 대전 탄방점은 2006년 2월에, 아산점은 같은 해 4월에, 대전점은 2008년에 폐점을 하게 된다.

1977년 12월 5일, 동방마트 1호 아산점 오프닝 행사 장면

이 책을 쓰기로 결심한 첫 번째 이유는 부림개발(주) 인수라는 내 인생 최대의 실패를 정직하게 기록함으로써 후대들이 기업 경영을 영위해 나갈 때 반면교사로 삼기를 바라기 때문이다.

나는 동방을 그룹화하면서 (주)동방과 연관이 있는 선박회사 설립을 고민했다. 대형은 아니어도 중간급은 자금 여력이 될 것 같았다. 재계 쪽에서는 제2금융권 진입을 권유받기도 하여 사업 확장 기회를 주시하고 있었다. (주)동방과 동방금속 등 주력사업이 잘 돌아갔고, 거제 출신 YS가 집권하면서 인적 네트워크가 탄탄해지다 보니 동방 김용대가 하면 안 될 일이 없다는 말들이 떠돌기도 했다. 그런 와중에 부림개발(주) 인수 건이 걸려들었다.

1980년대 후반부터 기업들은 몸집을 키우기 위해 '문어발식 확장'에 몰두했고, 그룹으로 성장하려면 건설업을 해야 한다는 암묵적인 사회적 분위기가 조성된 상태였다. 또한 몸집 불리기 전략으로는 창업이나 내실 경영보다는 일시적 경영난을 겪고 있거나 미래 가능성이 높은 기업을 인수·합병하는 방법이 주로 사용되었다.

그룹 경영을 하는 기업들은 대부분 건설업을 갖고 있

었다. 공사를 수주하게 되면 투자금액에 비해 매출액이 크게 보여 외형 부풀리기에는 안성맞춤이었기 때문이다. 이런 상황에서 중견 건설업체인 부림개발(주) 인수 제의가 내게 들어온 것이다. 부림개발(주)는 1986년에 설립된 회사로 당시 도급 순위 46위였다. 대표이사는 강○필이라는 사람이었다. 강 대표는 '경아회' 멤버로 참여했던 양○태 사장과 모 경영대학원 최고위 과정 동기였다. 양 대표는 후배였는데 어찌해서 동기 모임의 경아회 멤버가 됐는지는 정확히 기억나지는 않는다. 경아회 멤버는 서○재, 박○용, 우○규, 이○종 등이었다. 하여튼 플라스틱 사출업을 하던 그 양 사장은 "부림은 건실한 회사인데, 강 대표가 교육에 관심이 있어 건설사업을 접으려 한다"고 내게 제안 이유를 설명해 줬다.

그즈음, 나는 내가 천운天運을 타고난 사람일지 모른다는 생각을 하게 된다. 사업에 대한 자신감과 기대감이 충만했고, 거의 자만심 단계에 이르러 있었다. 부실기업 동방운수창고(주)를 1년여 만에 정상화시켰고, 만년 적자기업 국제방직(주)도 면방산업 호황에 힘입어 경영이 조기에 정상화되면서 자금력도 커졌기 때문이다.

그 저간에는 1993년 YS 정부가 들어서면서 정계 전면에 등장한 서○재, 신○우, 이○택, 박○용 같은 나의 사적 네트워크를 통해 도움을 받을 수 있을 거라는 기대 또한 작용했다. 그리고 국제방직 천안공장 10만 평 부지 인근에 KTX 천안아산역이 들어서는 것으로 확정된 상태여서 건물을 짓는 데 활용해야겠다는 생각도 있었다.

나는 회사를 인수하거나 창업할 때는 실무진의 충분한 사전 검토와 면밀한 사후 전략을 세워서 의사결정을 했다. 부림 인수 때에도 인수실사단을 꾸려 긍정적으로 검토해 볼 것을 지시했다. 종합기획실 전○일 부속실장을 단장으로 하여 관리본부장, 영업본부장, 기획부장, 영업부장, 자금과장, 자재과장 등 최소 필수인력을 투입했다. 그런데 인수실사단도 동방의 사세가 일취월장으로 확장되던 때라 분위기에 휩쓸려 인수 쪽으로 방향을 잡은 실사보고서를 올렸다.

동방은 1994년 6월 초에 부림개발 인수계약을 체결한다. 부림의 자본금은 60억 원, 자산 규모는 약 400억 원이었다. 이 정도면 사고가 나더라도 동방의 자금력으로 감당이 가능할 것 같았다. 계약 체결과 함께 계약금 10억 원이 선지급되었다. 부림 임원들이 인수계약 체결 전에 이 사실이 외부에 공개될 경우 계약 자체가 결렬될 수 있다는 저간의 사정을 이야기하면서 실사 작업 전에 계약금을 요구했는데, 이를 동방에서 거절하지 못했다.

부림개발(주)에 대한 실제 경영이 시작되자 전혀 예상하지 못했던 일들이 터져 나왔다. 부림이 발행한 대량의 어음이 만기가 도래해 속속 돌아오기 시작했다. 부림개발(주) 채권단에서 20억 원의 어음을 막아주기로 했는데, 못 막는다고 했다. 부도처리를 하자는 의견도 있었으나 이미 경영에 참여한 상태에서 그럴 수가 없어 동방이 막을 수밖에 없었다. 계속 자금을 끌어와야 하는 처지가 되었다.

또한 부림개발(주)는 건축공사 실적만 있고 대형 플랜트를 중심으로 하는 관급공사 수주가 가능한 토목공사 실적이 거의 전무했다. 이건 아주 결정적인 하자였다. 내가 정관계 네트워크를 활용해서 관급공사를 수주하려던 계획을 원천적으로 불가능하게 하는 것이었기 때문이다.

시간이 지날수록 부림개발(주) 인수가 얼마나 뼈아픈 패착이었는지가 현실로 다가오기 시작했다. 우리가 건설업의 생태계에 대해 얼마나 무지했는지가 여지없이 드러난 것이다. 건설기업의 회계장부를 제조업이나 운송업 회계장부와 비슷할 거라고 생각한 것이 오산이었다. 1993년 부림개발(주)의 결산 장부상 매출액은 우리가 생각했던, 동방금속(주)나 동방운수(주)의 매출액 개념이 아니었다. 예를 들자면 이런 것이다. 건설업 명의를 타인에게 빌려주는 대신 3~5%의 관리비만 받고, 매출액과 미수금에는 총 공사비를 계상하는 방식으로 금액을 부풀리는 분식회계다.

현금 흐름도 전혀 달랐다. 하자보증 소송이 걸려 있어 인수 장부에 없던 추가 지출이 늘어났다. 하도급 피라미드로 운영되는 건설업의 특성을 인수팀에서 면밀하게 파악하지 못했고 나 또한 그 문제점을 제대로 인지하지 못했던 것이다.

후회가 밀려왔다. 건설업의 특성, 건설경기의 중장기 곡선조차 제대로 파악하지 못한 채 분위기에 휩쓸려 잘못된 수를 두고 만 것이었다. 실무팀도 그랬고, 오너인 나도 냉철하게 판단하지 못한 채 욕심을 부린 결과였다.

욕심이란 무엇을 지나치게 탐내거나 누리고 싶은 마음이다. 특히 금지된 것에 대한 추구를 말한다. "욕심이 잉태하면 죄를 낳고 죄가 장성하면 사망을 낳느니라."라고 하여 성경에서도 욕심을 크게 경계하고 있다.

부림개발(주)를 인수하면서 부실기업이라는 과거 이미

지를 쇄신하기 위해 1994년 10월 동방산업개발(주)로 상호를 변경하고, 돌파구를 찾기 위해 노력했다. 동방에는 건설업에 대해 아는 사람이 없다고 판단해서 외부 인사들을 많이 영입하게 된다. 주로 지인과 친척들의 추천에 의지했다. 삼성 LA지사에 근무하던 처남을 합류시켰고, 대한통운 같은 대기업 출신들을 영입해 사장, 부사장, 영업담당 및 기술담당 임원으로 배치했다. 돌이켜 생각해 보면 이것은 동방의 인사원칙을 무너뜨린 처사였다. 기업문화가 다른 인사들을 데려다가 임원으로 임명했으니 조직이 조화롭게 움직일 리가 없었다.

외부영입 임원들은 건설업이라는 게 평소에는 힘들다가도 큰 거 한방이면 다 복구하게 되는 특성이 있다고 나를 안심시키기도 했다. 또한 실적을 보여줘야 했기 때문에 무리하게 일을 추진하는 경향이 있었다. 그러다 보니 번번이 실패했다. 또한 영입 임원들과 기존 임원들 간의 불협화음도 발생했는데, 시간이 지나면 화합될 줄 알고 내가 이들 간의 이견 조정에 적극 개입하지 않은 면이 있었다. 이런저런 이유로 회사 경영은 점점 더 어려워져 갔다.

돈을 삼키는 거대한 하마가 나타나자 동방그룹 차원에

동방산업개발(주)는 서울 도봉구 방학동에 160세대, 구리 교문동에 321세대(사진)의 아파트를 짓기로 하고 1995년 5월 착공한다. 이름은 동방아파트라고 지었다.

서도 유동성 부족을 감당할 수 없어 1997년 4월 동방산업개발(주)를 동방방직(주)에 흡수합병시키기에 이른다. 그러나 이러한 노력들은 거대한 쓰나미가 덮쳐 오는 바람에 모두 물거품이 되고 만다. 쓰나미는 다름 아닌 1997년 11월에 터진 IMF 구제금융 사태였다.

내가 그동안 이룬 것을 모두 잃을 수 있겠다는 생각이 들었다. 하루하루가 절체절명의 순간이었다. 부채가 수천 억이었다. 이자가 눈덩이처럼 불어났다. 경기는 곤두박질쳤다. 동방그룹이 10개, 20개 계열사를 거느린 글로벌 거대기업으로 승승장구할 수 있는 기회가 어처구니없게 날아간 것이다.

어느 조직이든 리더가 냉철한 판단을 하지 못하면 그 여파는 엄청난 것이다. 리더의 덕목 중 하나가 원칙 준수인데, 부림개발(주) 인수에서 나는 '철저한 분석과 냉철한 판단'이라는 그 동안의 경영 원칙을 지키지 않았다. 이로 인해 나는 물론이고 얼마나 많은 사람들이 고통스러운 시간을 보냈을지 가늠조차 할 수 없다.

부림개발(주) 인수과정에서 패착을 둘 수밖에 없었던 또 하나의 중요한 이유가 있다. 바로 경직된 기업문화였다. 실무자들, 특히 중간관리자들이 임원이나 오너에게 자기 의견을

솔직하게 말할 수 있는, 직언을 스스럼없이 할 수 있는 그런 기업문화가 부족했다는 점이다. 최근 부쩍 강조하는 소통의 문화다. 소통이 원활하게 이루어지고 비판적 토론이 장려되는 기업문화가 하루 속히 정착되어, 향후 동방그룹에서는 부림개발(주) 인수 같은 실패가 다시는 일어나지 않기를 바라는 마음 간절하다.

제4부

절치부심 속에서 찾은 희망

나는 여전히 인연이라는 말을 참으로 좋아한다.
그것에 의지해서 지금까지 살아올 수 있었고,
살아갈 수 있다고 믿는다.

1.
IMF 외환위기, 직격탄을 맞다

동방그룹은 동방산업개발(주)의 부채 감당이 어려워지자 1997년 4월에 이를 동방방직(주)에 흡수합병시키고, 5월에 동방방직(주) 사명을 동방T&C(주)로 변경한다. 회계관리 차원이었다.

한편, 1997년 1월 27일 재계 14위 한보그룹 부도를 시작으로 대기업들이 속속 무너지면서 한국경제는 흔들리기 시작한다. 7월 15일 재계 4위 기아그룹마저 부도 처리되면서 걷잡을 수 없는 사태로 치닫는다. 기업들의 무분별한 외환 단기 차입이 문제라고 했다. 그리고 마침내 12월 3일 당시 임창열 경제부총리가 외환위기 극복을 위해 IMF에 200억 달러의 자금 지원을 요청한다고 발표하면서 한국은 미래를 알 수 없는 대혼란의 늪으로 빠져들었다.

IMF 사태 이전에는 금리가 워낙 싸서 당장 필요 없는 돈까지 은행에서 대출해 부채를 늘리는 회사가 많았다. 은행장들이 내게 돈을 빌려주고 싶어서 한번 만나고 싶은데 뭐가 그리 바쁘냐고 농담을 할 정도였다. 이런 분위기 속에서 부림개발 인수 때도 필수자금 외에 더 대출을 받았는데, 그게 부메랑이 되었다.

시간이 지날수록 환율과 이자율이 치솟았다. 동방 T&C(주)가 문제였다. 이 회사는 부실액이 수천억 원이었다. 동방 T&C(주)의 지급보증을 섰던 (주)동방과 동방금속(주)도 위험해지기 시작했다. 마포 사옥을 담보로 조흥은행으로부터 간신히 500억 원을 빌렸다. 그러나 어음할인율이 38%까지 올라 차입한 돈이 오래 갈 수 없었다. 다만, 천안 땅이 이미 아파트 개발계획이 서 있던 때라 토지가 수용되면 현찰을 확보할 수 있다고 생각했다. 만약 수용이 안 되더라도 우리가 직접 아파트를 지어 분양해도 되는 지역이어서 어느 정도 확신이 있었다. 2002년이나 2003년까지만 버티면 회생 가능할 것 같았다. 임원들과 숙의 끝에 경영전략을 다시 세우고 다른 회사는 다 팔더라도 (주)동방만은 살리는 것으로 결단을 내렸다. 그리고 워크아웃 제도를 활용하기로 결정했다.

기업의 존속가치가 크면 워크아웃(기업개선작업)으로, 청산가치가 크면 법정관리로 들어간다. 워크아웃은 심사가 까다로운 대신 혜택이 많았다. 금융기관 차입금 상환을 유예해 주고, 이자를 감면해 주었다. 대신 대주주의 모든 주식을 채권은행에 넘겨서 처분할 수 있도록 한다. 채권은행들은 이 주식을 해당기업 출자로 전환시켜 회생할 수 있도록 한다. 대주주는 경영권을 잃게 되는 구조이다.

내가 대주주이던 주력 3사, 즉 (주)동방, 동방금속(주), 동방T&C(주)가 1998년 12월 워크아웃 확정 승인을 받았다. 자구노력으로는 (주)동방 소유의 회현동 사옥과 부산 사옥 매각, 동방T&C(주) 소유의 아산공장 등 8건의 부동산과 동방금속 지분을 매각하기로 한다. 또한 인건비 절감을 위해 290명가량의 직원을 감축한다는 계획을 세운다. 차입금 상환계획도 수립한다. 그리고 대주주인 나의 약 50억 규모의 주식 및 부동산 출연계획도 수립한다. 조흥은행 계열로는 최초였고, 전체로 봐서도 일찍 신청한 케이스였다. 워크아웃 신청 단계에서 금○호 전 상공부장관, 박태준 포철 전 명예회장, 유○부 포철 회장 등이 많은 조언을 해주셨다.

    소요 자금 마련을 위해 대세관광, 동방금속 등을 매각하여 수천 억 규모의 채권을 동방T&C(주)에 투입했다. 3사는 기존 채권 상환유예(2002년 12월 31일까지)와 할인어음 회전지원, 리스 채권 유예 등을 받았다. (주)동방은 당좌대출 50억 원을 받고 36억 원을 출자전환하고 전환사채 24억 원을 발행하여 인수해줬다, 동방T&C(주)는 당좌대출 40억 원에 수입USANCE 1천4백만 달러를 받았고, 자본금 210억 감자, 138억 출자전환, 전환사채 157억 발행 등이 이루어졌다. 그리고 워크아웃 대상기업 간 상호보증을 소멸시켜 주었다.

    워크아웃 기간 중 임직원들이 하나가 되어 각고의 노력을 기울였다. 나 개인적으로는 집과 차까지 팔아 경영자금을 보태고, 한국항만운송협회 회장 등 모든 단체장 직함을 내놓는 등 최선의 노력을 경주했다. 그리고 전국 지사를 다 돌면서 직원들에게 모든 것이 내 잘못이다, 다시 동방의 정신으로 돌아가겠다, 적극 협조해서 동방을 살려 보자고 설득했다.

    동방T&C(주) 지급보증에서 해방된 (주)동방과 동방금속공업(주)는 어렵지 않게 정상화가 진척되었다. 특히 동방금속공업(주)는 1999년부터 3년 연속 흑자를 기록했다. (주)동방은 2000년 10월에, 동방금속공업(주)는 2000년 6월에 워크아웃을 졸업하게 된다. 동방T&C(주)는 2000년 3월 동방생활산업(주)로 상호를 변경한 후 아산공장을 매각한 대금으로 채무를 변제하면서 2004년 9월에 워크아웃을 졸업한다. 그리고 2007년에 청산 절차를 밟게 되면서 동방그룹에 희망의 빛이 보이기 시작한다. 청산 과정에서 동방산업개발이 발행했던 어음과 하청업체 도급대금까지 가능한 한 다 변제하려고 노력했다. 그게 나의 철학이고 동방의 가치라고 생각했기 때문이다.

 IMF 사태 후 기업을 정상화시킬 때 한 친구의 도움을 받았다. 당시 방직협회장 겸 경영자총연합회장을 맡고 있던 김○성이다. IMF 사태가 터지자 경제기획원은 산하에 기업구조조정위원회를 설치하고 각 기업들의 구조조정을 총괄했다. 이 위원회의 초대 위원장이 김○성 회장의 처남 오○근 박사였다. 그는 DJ를 정치에 입문시킨 오○영 국회의원의 막내아들이다. 미국 모 대학 교수였는데, 내가 미국에서 치료받을 때 골프도 한 적이 있어 친한 사이였다.

은행의 구조조정 가이드라인을 보니 경영이 정상화되었을 때 오너 지분을 20 몇 퍼센트로 제한을 해놔서 다시 경영권을 되찾기가 어렵게 되어 있었다. 그래서 김 회장한테 이걸 바꾸는 방안을 이야기했다. 김 회장은 동방이 워크아웃 들어간 상태이니 오너가 가는 것보다 자기가 구조조정위원장을 만나서 건의하는 게 낫겠다고 선뜻 나서 주었다. 김 회장이 내가 넘겨준 관련 서류를 가지고 오 위원장을 만났다. 그리고 며칠 후 오 위원장이 각 은행과 기업의 구조조정본부장 회의를 소집했다. 그리고 현재 은행들의 구조조정 가이드라인이 잘못돼 있다, 이렇게 해서는 열심히 안 한다, 경영권을 다시 찾을 수 있다는 희망이나 보람이 있어야 하지 않겠느냐며 제한 조건을 완화시켜 주라고 주문했다. 이 의견은 은행별, 기업별로 차이는 있었지만 결과적으로는 수용되었다.

부실기업 부림건설(주) 인수는 IMF 사태가 바로 이어지는 바람에 나로서는 절체절명의 사건이었다. 그 동안 피땀 흘려 이룩해 온 것들을 한순간에 다 잃을 수 있었다. 이런 상황에서 나는 모기업 (주)동방 살리기라는 결단을 내림으로써 그룹 전체가 다시 회생할 수 있는 초석을 다질 수 있었다.

IMF 사태 때 워크아웃에 들어갔다가 졸업하면서 오너

가 바뀌지 않은 기업은 소수였다. 다행스럽게도 동방 3사는 그 중에 포함되었다. 김○성 회장뿐 아니라 많은 분들이 도움을 주었고 한마음으로 단합해서 노력하고 희생해준 임직원들이 있었기에 가능한 일이었다. 다시 한번 감사를 드린다.

2.
묵묵히 성장해온 초중량 물류기업

　동방그룹은 전국 주요 항만 및 거점에 부두와 물류센터를 구축하고 있으며, 50년 이상 물류사업을 수행하면서 관련 노하우와 지식을 축적한 종합물류 기업집단이다. 모기업 (주)동방을 중심으로 11개 계열사가 물류사업의 수직계열화를 이룩하여, 단순 하역 및 운송사업을 뛰어넘는 일괄 물류 프로세스를 고객맞춤형으로 제공하고 있다.

　모기업인 (주)동방은 1957년 설립된 동방창고운수(주)가 전신이며, 내가 1982년에 인수한 이래 발전을 거듭하여 이제 매출 1조 원을 바라보는 기업으로 성장했다. (주)동방물류센터는 부산신항 배후단지에 위치하고 있으며, (주)동방

부산지사와 협력하여 고객사 화물의 보관·운송·재고관리·검역·통관 업무 등을 수행한다. (주)동방광양물류센터 역시 (주)동방 광양지사와 협업하여 포스코의 주요 화물의 보관과 운송을 담당하고 있다.

유엔씨티(주)는 울산의 컨테이너 전용 터미널로서, 국내외 컨테이너선사의 화물을 취급하며, (주)동방 울산지사가 위탁받아 부두를 운영 중이다. 일조국제훼리(주)는 중국 일조와 한국 평택 간 노선의 한국측 카페리 운항 사업자로, (주)동방 평택지사와 영업 및 물류 전반에 걸쳐 협업한다.

마산항5부두운영(주)는 창원지역 화주의 수출입 화물의 하역 및 보관, 적출 작업을 (주)동방 창원지사와 함께 수행한다. 평택항카훼리터미널(주)는 평택항 국제훼리터미널에서 (주)동방 평택지사와 협업하여 수출입 화물의 보관 및 적출 작업을 수행한다. 울산항6·7부두운영(주)는 울산 본항에서 (주)동방 울산지사와 협업하여 현대중공업, 현대제철, 고려아연 등의 수출입 화물의 하역·운송·보관 업무를 수행한다.

대산항만운영(주)는 (주)동방 서산지사와 함께 한화토탈

COSCO TCO 프로젝트를 수행 중인 동방 선박

등 유화사들의 수출 컨테이너 하역 및 보관 작업을 수행한다. 포항영일만항운영(주)는 (주)동방 포항지사와 함께 영일만항에서 하역·보관·운송 작업을 수행한다. 대련동방현대물류유한공사와 동방비나는 해외법인으로서 현지의 물류 업무를 수행한다.

그동안 수행한 주요 RMS 사업은 다음과 같다. 먼저 운송(transportation) 부문에서는 1996년 6월 신화건설 발주로 길이 100미터 칼럼(column)을 설치, 국내 최고 높이 인양 신기록을 달성한다. 2002년 6월에는 한국수력원자력(주) 발주로 614톤 증기발생기(원자로)를 인양함으로써 원자력발전소 건설사업에 참여한다. 2004년 10월부터 약 5개월 간 유니슨의 발주로 1.6MW 풍력발전기 24기를 운송 설치하여 국내 최초 대단위 발전단지 건설사업을 수행한다.

2007년 10월에는 현대삼호중공업 발주로 3,250톤 골리앗크레인을 설치하면서 최대중량물 6MAST 공법을 적용한다. 2016년 9월에는 한전 전력연구원 발주로 3MW 해상풍력발전기 1기를 설치하면서 해상풍력사업에 진출한다. 그리고 현장조립(erection) 부문에서는 한국전력공사(2001년부터는 한국수력원자력) 발주로 1995년부터 2012년까지 울진 및 고리 원자력발전소 건설에 참여 10건을 수행한다.

최근에 심혈을 기울여 추진한 COSCO TCO 프로젝트와 BECHTEL WHEATSSTONE 프로젝트, 현재 진행중인 삼성엔지니어링 DBNR 프로젝트 내역은 다음과 같다.

COSCO TCO 프로젝트는 2018년부터 2020년까지 수행한 것이다. 선적지는 옥포, 신한, MARINA DI CARRARA(이탈리아)/양하지는 HAMINA(필란드)와 BURGAS(불가리아)이고, 총 44항차였다. BECHTEL WHEATSSTONE 프로젝트는 2015년부터 2016년까지 수행한 것이다. 화물은 총 54모듈로, 선적지는 Tenjin(중국)과 Lumut(말레이시아), Batam(인도네시아), Fourchon(미국), Pyeongtak(한국), Taragona(스페인)이고, 양하지는 Onslow(오스트레일리아)이며, 총 25항차였다.

삼성엔지니어링 DBNR 프로젝트는 2022년부터 수행 중이다. 화물은 총 47모듈로, 선적지는 고성과 울산이고, 양하지는 Dos Bocas(멕시코)이며, 총 10항차이다.

3.
동방의 미래

　동방그룹의 모기업인 (주)동방은 그 동안 물류업계의 새로운 역사를 쓰면서 탄탄하게 성장해 왔다. 포항제철의 철강물류인 중량물 수송을 시작으로 하여 꾸준한 기술개발과 투자, 경영 혁신으로 대한민국 최초로 초중량물 수송체계를 만들어 발전시켜 왔다. 국내 물류의 대표격인 대한통운과 한진의 초중량물 운송 선박도 (주)동방이 거의 다 인수했다. 이처럼 (주)동방은 초중량 물류 분야에서 국내는 물론이고 일본도 지지부진하고 중국도 따라올 수 없을 정도로 아시아에서도 독보적인 기업으로 성장하고 있다.

　초중량 물류업은 동구권에 대형회사가 많은데, (주)동방은 세계적인 물류회사인 벡텔과 장기계약을 체결하였고, 삼성과는 전략적 관계를 맺고 있다. 초중량 물류업은 납기를 못 맞추면 후속비용이 엄청나게 불어나기 때문에 기업의 신용도가 매우 중요하다. 그런 측면에서 우리 (주)동방은 전망이 매우 밝다고 본다.

(주)동방이 벡텔과 신뢰관계를 구축한 데에는 배상현 상무의 공이 크다. 배 상무는 UC Berkeley 졸업 후 직원으로 동방에 입사했다. 캐나다 OIL Sand Project와 관련하여 캐나다 건설현장 파견근무를 시작으로, 일본업체(MOL/JGC)의 중국 Nanhai Project tug/barge 해상운송, 자항선 신조 후 영국 Foster Wheeler와 계약한 태국 Laem Chabang과 호주 Dampier간 Pluto Project, 국내외 중공업사 및 EPC사의 항만장비 및 중동 OIL & Gas Project 등에서 프로젝트 매니저로 활약을 했다.

과장 승진 후에는 견적에서부터 제안서를 직접 작성하며 고객사와 직접적인 접촉 영업을 하며 벡텔의 QC LNG, G-LNG, Wheat Stone Project의 계약을 수주하는 데 핵심적인 역할을 했다. 그 중 스페인 Taragona에서 Wheat Stone Project에 사용되는 COLD BOX를 선적하는 현장에 프로젝트 매니저로 참여, 경쟁업체인 Dockwise의 절반 비용으로 업무를 수행했다.

이 과정을 벡텔의 아시아지부 간부가 직접 보고 감명을 받은 나머지 내게 찾아와서 앞으로 벡텔은 (주)동방과 계속해서 비즈니스를 하겠다고 약속했다. 이것이 계기가 되어 벡텔은 (주)동방을 전적으로 신뢰하며 매번 프로젝트마다 비딩에 참여 기회를 주었고 많은 계약을 (주)동방과 하게 되었다. 이러한 관계를 기반으로 현재 (주)동방은 정운건 사장을 중심으로 김은혁 상무(특수영업1팀장), 배상현 상무(특수영업2팀장) 체제를 구축하고 초중량물 사업을 선점하여 약진하고 있다. 이들은 참으로 보배 같은 존재라 아니할 수 없다.

15년 전의 일이다. 어느 날, 대한통운에서 배상현 당시 팀장을 스카우트하려 한다는 것을 정운건 당시 부사장을 통해 보고를 받았다. 나는 대한통운 사장을 만나 스카우트 철회를 부탁했다. 대한통운 사장은 내 부탁을 거절할 수 없었던지 스카우트 작업을 중단했고 이후 농협으로 회사를 옮겼다.

당시 대한통운은 중량물 사업 활성화를 위해 (주)동방을 롤모델로 하여 (주)동방 선박보다 규모가 큰 중량물 선박 2척을 건조하고 본부장급 임원과 키맨을 (주)동방에서 영입하려

했다. 그러나 영입이 여의치 않자 대한통운 내부인사로 임원을 선임하고 타 선사에서 과·차장급 직원을 대거 영입했다. 그리고 대대적인 사업 전개를 했지만 담당자의 중량물 사업의 경험 및 인맥 부족으로 주계약 수주는 대부분 실패했다. 또한 (주)동방의 계약 물량에 대한 선박공급 협력사 정도로 역할이 축소되자 신조선 건조 8년 만에 사업을 포기했다. 건조된 선박은 동방이 나용선裸傭船하여 지속 사용하고 있다.

최근 (주)동방은 중량해송사업 부문에서 세계적으로 인정받은 기회가 있었다. 카자흐스탄 유전 확장과 관련한 글로벌 EPC(Engineering, Procurement, Construction; 사업자가 설계와 부품 및 소재 조달, 공사를 원스톱으로 제공) 기업의 초대형 프로젝트에 참여하여 이를 성공적으로 수행했기 때문이다. 이 프로젝트는 2018년 5월부터 2020년 8월까지 2년여의 기간 동안 추진하여 2,292억 원의 매출을 기록했다. 이를 통해 글로벌 대형 화주와의 네트워크를 확보하게 되어 향후 수주 경쟁력을 제고하게 되었다.

이와 함께 동방그룹은 최근 코로나19로 인한 유통 물류의 변화에 적극적으로 대응하여 쿠팡 등 대형 이커머스 화주를 확보하고 기존의 사업 형태인 운송과 보관에서 벗어나 재고관리, 운송루트 개발 등 고객의 물류비 절감에 기여함으로써 우수한 파트너사로 자리매김하고 있다.

동방의 미래는, 앞서 언급한 '중량해송사업' 같은 특화된 분야의 경쟁력을 얼마나 강화할 수 있느냐, 2등이 감히 넘볼 수 없는 '초격차超隔差' 기업으로 성장할 수 있느냐에 달려 있다고 해도 과언이 아니다. 독보적인 기술력으로 경쟁기업과 격차를 크게 벌리고 슈퍼 사이클을 만들어야 한다. 이를 위해서는 지속적인 투자와 함께 리더, 조직, 전략, 인재라는 기업경영의 핵심 요소가 유기적으로 작동할 수 있도록 기업문화를 만들어 가야 할 것이다.

제5부

더 좋은 나라를 만들어 가기 위한 생각들

대부분의 기업인들은 세금 내고 남은 이윤이
모두 자기 몫이라고 생각한다.
그러나 이는 잘못된 생각이다.
그렇게 생각하면 안 된다. 시장이 있었기 때문에,
그 시장에서 상품을 사간 소비자가 있었기 때문에 돈을 번 것이다.

1.
욕망과 타락, 종교개혁, 헤겔

　인간이 불완전하다고 평가되는 이유는 여러 가지다. 첫째, 인간은 본성적으로 이기적이어서 타락하기 쉽다고 한다. 둘째, 인간은 지적 능력이 제한적이어서 모든 것을 이해하고 모든 문제를 해결할 수 없는 존재다. 셋째, 심리학의 관점에서는 인간이 이성적이면서 동시에 욕망하는 존재이기 때문에 인간의 정신적 상태를 불안정한 것으로 본다. 넷째, 종교적 관점에서는 인간이 타락하고 죄를 범했기 때문에 완전하지 못하다고 여긴다.

　특히 기독교에서는 아담과 이브가 신의 명령을 어기고 선악과를 따먹음으로써 인류가 죄와 타락으로 가득 차게 되었다고 설명한다. 창세기를 보면 하느님은 세상 만물을 창조할 때마다 '보시기에 좋았다'고 감탄한다. 6일째 되던 날 사람을 창조하고, 7일째에는 쉬면서 자신이 만들어 놓은 아름다운 세상을 감상하고 있었을 것이다. 그런데 바로 그때부터 하느님의 피조물인 사람은 죄악의 길로 빠져들고 만다.

아담과 이브가 카인과 아벨을 낳고 그 자손들이 퍼져 나갔다.

"주님께서는 사람들의 악이 세상에 많아지고, 그들 마음의 모든 생각과 뜻이 언제나 악하기만 한 것을 보시고, 세상에 사람을 만드신 것을 후회하시며 마음 아파하셨다. 그래서 주님께서 말씀하셨다. 내가 창조한 사람들을 이 땅 위에서 쓸어버리겠다. …… 내가 그것들을 만든 것이 후회스럽구나.(창세기 6:12)"

하느님은 이렇게 한탄하시고 40일 동안의 큰 홍수를 일으켜서 노아의 방주만을 살리고 모두 쓸어버리신다.

그러나 인간의 욕망과 타락의 모습은 노아의 홍수 이후에도 다시 나타난다. 하느님은 사람들에게 구원의 기회를 더 주기 위해 모세를 보내셨다.

"내가 이제 너를 파라오에게 보낼 터이니, 내 백성 이스

라엘 자손들을 이집트에서 이끌어 내어라.(탈출기 3:10)"

하느님은 여러 기적을 일으키면서 모세를 통해 이스라엘 사람들을 가나안 땅으로 탈출시킨다. 그러나 사람들은 타락에서 벗어나지 않았다. 하느님께서는 모세를 지배계급인 왕자로 보내어 구원이 실패했다고 생각하시고 이번에는 평민 신분으로 예수를 보내셨다(물론 이것은 나의 생각이다). 말 구유에서 태어나게 하시고, 30년을 목수로 평범하게 살게 하다가 딱 3년간 공생활을 하게 하고 십자가에 못 박혀 죽게 하신다. 그러나 신약 성경을 보면, 예수의 희생 이후에도 탐욕의 굴레를 벗지 못하고 타락하는 수많은 인간들이 등장한다. 이를 바꾸어 말하자면, 하느님도 결국 인간을 완전하게 만드는 데는 실패하셨다는 것이다.

그리스 사람들의 타락상은 소포클레스가 쓴 『오이디푸스왕』 이야기에 잘 나타나 있다. 오이디푸스는 역병과 기근에 시달리는 테바이 왕이다. 그는 역병의 원인이 선왕 라이오스의 살해자 때문이며, 그로 인해 나라가 오염되어 벌을 받게 되었음을 신탁을 통해 알게 된다. 그는 범인을 찾기 위해 애쓰다가 라이오스의 살해자가 자신이라는 사실, 그리고 자기의 아내인 이오카스테가 곧 자신의 어머니라는 사실을 알게 된다. 비극적 결말에서, 이오카스테는 목을 매어 자살하고 오이디푸스는 브로치로 스스로 눈을 찔러 장님이 된다. 이 이야기는 인간의 욕망에서 비롯되는 끔찍한 패륜을 보여주고 있다.

로마는 또 얼마나 타락했는가? 1천년 동안 대제국을 호령하던 로마가 멸망한 이유는 복합적인데, 그중에 지배층의 타락을 가장 큰 원인으로 본다. 수많은 치적을 남긴 마르쿠스 아우렐리우스 사후에 향락을 일삼는 폭군들이 연이어 나타나고, 군인들에 의해 황제가 추대되고 곧 살해되는 혼란이 거듭되었다. 특히 235년부터 약 50년 간에는 무려 26명의 황제가 추대되고, 물러나기를 반복했다. 로마 중앙 지배층의 권력 투쟁이 극에 달했다.

중세, 특히 중세 말기 기독교의 타락상은 상상할 수 없을 정도였다. 신권, 왕권, 돈, 성性이 모두 등장한다. 가장 눈에 띄는 것은 성적性的인 문란이었다. 특히 성직자聖職者 독신제가 도입되면서 당시 천주교회 내의 성적인 부패는 매우 심각했다. 수도원과 수녀원도 성적으로 문란해졌다. 고위 성직자들이 실질적인 아내를 두었고, 자녀에게 성직을 물려주었다. 돈 중심의 물질주의가 팽배했다. 면죄부를 파는 일도 결국은 그 판매권으로 누가 돈을 더 많이 벌 수 있는가의 다툼이었다. 성직까지도 매매의 대상이 되었다.

그리고 일반 신자들은 성경에서 말하는 경건한 의식보다는 자기 멋대로 신앙생활을 변형하여 미신들을 만들어 냈다. 십자가 자체에 의존하고, 손으로 그은 성호가 악마로부터 자신을 지켜 줄 것이라 생각했으며, 점차 성자 숭배로 나아갔다. 이렇게 중세기 동안 권력의 정점에 있던 가톨릭 교회는 위아래 할 것 없이 모두 타락했고, 위대했던 로마제국의 멸망을 재촉했다.

교황 레오 10세는 교회의 권위를 강화하고 성당 건축 기금 마련을 위해 1506년부터 면죄부 특별 세일을 실시한다. 그리고 면죄부 판매가 장기화되면서 도처에서 수많은 부작용이 발생했고, 이를 비판하는 개혁주의자들이 등장하게 된다. 신학자이자 수도사였던 마르틴 루터는 1517년 10월 31일, 작센의 한 교회의 문에다 신앙의 유일성과 면죄부에 관한 95개의 논제를 내걸었다. 종교개혁의 시위를 당기는 사건이 일어난 것이다. 이를 두고 『종교개혁』의 저자 피터 마셜은 "장차 역사에서 커다란 반향을 일으킬 순간, 프로테스탄트 종교개혁이 태어나고 중세가 급사한 날이었다."라고 표현했다. 마르틴 루터는 인간과 하느님 사이의 중재자, 즉 사제가 필요 없다는 '만인 사제설'을 주장했는데, 교황의 독점적 성경 해석권과 사제권을 부정하는 것이어서 큰 파장을 몰고 왔다.

종교개혁(Reformation)은 16세기 이래 서유럽 가톨릭 교회에서 내분이 발생해 결국 개신교의 분립으로 귀결된 일련의 사태를 가리킨다. 두 세기에 걸친 종교개혁기에 교회와 국가의 관계, 신민과 통치자의 관계, 남성과 여성의 관계는 근본적으로 바뀌었다. 또한 루터, 츠빙글리, 칼뱅 등이 각각 고유한 지향과 의제를 추구했던 신학적·정치적 운동들로서 독일, 프랑스, 스위스, 영국 등지에서 현지의 정치적 상황과 맞물려 각기 다르게 귀결되었다. 개신교만의 전유물도 아니었다. 가톨릭교 역시 공의회를 개최하여 스스로를 뜯어고치며 효과적으로 대응했다.

이즈음 코페르니쿠스가 교회의 '천동설'에 반하는 지동설(태양 중심설)을 주장했는데, 이것이 '과학혁명'의 시작이라고 할 수 있다. 그렇게 과학이 발전하면서 물질은 눈에 보인다는 해석으로 '기계적 유물론'이 등장하게 된다. 기계적 유물론을 '계몽사상'이라고도 하는데, 프랑스 계몽주의 작가 볼테르는 이성을 강조하면서 신으로부터 독립을 추구했으며, 신의 간섭이 없는 인간사회를 구현하고자 했던 프랑스 혁명(1789~1794)을 촉발하게 된다.

프랑스 시민혁명을 부러운 눈으로 바라본 독일 철학자 헤겔은, 인간의 역사는 '절대정신'이 그 본질을 점차 분명하게 드러내는 과정이라고 주장했다. 절대정신의 본질은 자유이며, 역사는 이성적인 자유를 점차 실현해 가는 과정이라는 것이다. 고대 국가에서는 군주 한 사람만 자유롭고 모두가 노예 상태에 놓여 있었고, 유럽 중세에는 군주뿐만 아니라 봉건 제후들도 자유로워졌다. 그리고 이제 프랑스 혁명으로 시작된 새로운 시대에는 더 많은 사람들이 자유로워질 것이라고 했다.

그리고 모든 현실과 역사의 전개 과정을 '유有-무無-생성生成'의 원리인 변증법으로 파악하면서 독자적인 이론을 펼쳤다. 진리는 고정되어 있지 않고, 시간에 따라 발전하며 드러난다는 것이다. 이에 대하여 실존주의 철학자들은 헤겔의 절대정신이 파시즘 같은 독재를 정당화했다고 비판한다. 그러나 후일 마르크스는 역사를 하나의 목적을 향해 가는 과정으로 보는 헤겔의 변증법적 역사관(변증법적 유물론)에서 힌트를 얻어 새로운 사회 변혁 이론을 내세운다. 다름 아닌 공산주의이다.

2.
자본주의와 공산주의

대항해 시대는 15세기 말부터 16세기 초까지 유럽인들이 항해술을 발전시켜 아메리카, 인도와 동남아시아, 동아시아로 가는 항로를 발견하는 등 세계를 연결하는 해상로를 발견한 시대를 말한다.

이때 교역을 위한 상업자본이 축적되면서 16세기 초부터 자본주의(capitalism)가 등장하게 된다. 세계 각지에서 다양한 원료와 물건들이 유럽으로 흘러들었고, 상업이 발전하였다. 상품 생산이 가내 수공업에서 공장제 수공업 형태로 바뀌었으며, 기술 혁신이 이루어지면서 1차 산업혁명이 일어나 대량 생산이 가능해졌다.

이후 19세기 말부터 20세기에는 자유경쟁 체제로 인해 약소 기업이 도태되고 대기업만이 생존 경쟁에서 살아남아 소수 대기업 간의 경쟁 형태가 된다(독점자본주의).

20세기 이후 자본주의는 대공황의 발생 등 많은 사회적인 문제점을 노출하게 되었으며, 가격의 자동 조절 기능이 불가능해지고 국가가 경제 활동의 자유와 경쟁의 원칙에 대하여 통제를 하거나 규제와 조정을 하게 되었다(수정자본주의).

오늘날 자본주의에는 크게 두 개의 모델이 있다. 개인주의가 우선하는 미국 자본주의와, 사회주의적 요소가 섞인 스웨덴이나 독일의 자본주의이다. 미국은 역사적으로 볼 때 국가주의보다는 개인주의가 더 강하게 작동하는 전통을 이어받은 것이고, 스웨덴이나 독일은 근대 시민사회가 형성되기 이전에 이미 강력한 국가가 존재했었기 때문에 그 그림자가 잔존하는 형태라고 할 수 있다.

1870년대 영국에서 등장한 사회주의(socialism)는 자본주의의 노동 착취와 경제적 불평등에 반발하여 생산수단의 공동소유와 관리, 계획적인 생산, 평등한 분배를 주장하는 이론이다. 자본주의 사회의 여러 모순과 병폐 원인을 개인주의로 보고, 사적 소유 및 자유경쟁을 반대했다.

한편, 공산주의(communism)는 사회주의와 비슷한 것 같지만 큰 차이가 있다. 사회주의는 생산수단을 사회화(국유화)함으로써 자본주의의 모순을 해결하려는 것이다. 공산주의는 여기에 더하여 분배도 '공동'으로 하는 것을 원칙으로 한다. 사유재산제를 전면 부정하고, 공유재산제를 실시함으로써 빈부의 격차를 완전히 없앨 수 있다고 보았다.

다시 말하자면, 자본주의는 자본가가 기업을 소유하고, 일반 시민은 임금으로 생활을 영위하는 경제 체제이다. 사회주의는 자본가 계급이 없이 기업을 국가가 소유하고, 일반 시민은 임금이 아닌, 국가가 주는 배급으로 생활해야 하는 체제이다. 공산주의는 이론상 경제가 고도로 발달하여 지배계급과 국가가 사라진 완전 자유 사회를 의미한다. 그러나 마르크스와 레닌이 상상했던 이러한 공산주의는 지구상에서 실현된 적이 없으며, 소련이나 북한 등과 같이 대부분 1인 독재 혹은 1당 독재 체제로 변형되었다.

한편, 제1차 세계대전 후 독일과 이탈리아에서는 극단적인 전체주의를 표방하는 파시즘(fascism)이 등장하여 정권을 잡는다. 전쟁 위기, 대량 실업과 공황, 정치권의 부패와 무능, 사회주의와 공산주의의 부상 등이 요인이었다. 철저한 국수주의, 군국주의, 민족주의, 반공주의를 내세운 히틀러와 무솔리니는 제2차 세계대전을 일으켰으나 영국과 미국 등 자유진영에 패하여 역사의 뒤안길로 사라진다.

프리드리히 A. 하이에크(1899~1992)는 사회주의와 정부의 시장개입을 비판함으로써 자유주의와 시장경제를 옹호한 학자이다. 하이에크는 제2차 세계대전이 끝나갈 무렵인 1944년에 펴낸 『노예의 길』에서, 사회주의 계획경제가 얼마나 위험한지를 설파하고, 사회주의를 민주주의를 통해 실현하는 시도는 '독재'와 '노예'로 가는 길이라고 경고했다. 하이에크는 독일에서 나치가 집권하고, 소련이 레닌과 스탈린주의로 가는 것을 보면서 영국이 그 전철을 밟아서는 안 된다고 생각한 것이다.

하이에크는 신자유주의에서 상징적인 인물이다. 그는 '시장市場'이란 정보가 부족한 개인들이 경쟁을 통해 상품의 수요를 파악하고 생산단가를 낮춰가는 끊임없는 과정이라고 했다. 그리고 사회주의가 추구하는 계획경제는 개인들에게 하나의 가치체계를 강요하는 체제이기 때문에 개인은 결국이 계획경제를 실현하는 도구로 전락하게 된다고 경고하였다.

하이에크는 이렇게 당시 유럽을 휩쓸던 사회주의의 위험성을 알림으로써, 인류가 발명한 최고의 질서인 자유시장주의를 반드시 지켜야 한다고 주장했다.

세계적인 문명비평가 기 소르망(1944~)도 시장경제 체제를 지지했다. 그는 2년간 20여 개국을 여행하며 직접 관찰한 각 국가의 경제 현실을 기록한 『자본주의 종말과 새 세기』(1994)라는 저서에서, 자본주의가 몇 가지 문제를 안고 있지만, 이를 대체할 만한 더 나은 체제는 없다고 말한다.

기 소르망은 각국마다 다양한 문화가 존재하듯이 자본주의 또한 국가에 따라 그 모습을 달리한다고 주장했다. 자본주의가 그 나라의 문화 유형과 결합한다는 것인데, 이는 사회주의와 구별되는 특징이기도 하다. 반면에 사회주의는 국민들에게 획일화된 모델을 강요하게 되는데, 기 소르망은 바로 이런 경직성 때문에 사회주의가 멸망했다고 보았다.

사회주의와 공산주의는 국가 계획경제를 기반으로 한다. 경직된 관료체제에 의한 계획경제는 급변하는 정치 및 경제 환경에 대응하기 어렵고, 각종 부정부패와 비리의 온상이 될 우려가 크다. 또한 국민들이 보수적이고 무기력해지며, 기회주의적이고 체제 순응적이 된다. 따라서 그 국가는 신속성과 유연성, 그리고 창의성이 요구되는 21세기 디지털 대전환 시대에는 생존이 위태로울 수 있다.

    내가 1987년 중국에 갔을 때의 일이다. 백화점을 방문했는데, 점원들이 물건을 파는 데에는 전혀 관심이 없고 자기들끼리의 대화에 집중하고 있었다. 매출액과 점원의 월급은 상관성이 없는 체제였기 때문이다. 스티브 잡스가 공산주의 체제였던 소련에서 태어났더라면 아이폰을 만들 수 있었을까? 아마도 어려웠을 것이다. 야만적이라고 할 정도로 가장 자본주의적인 미국이었기 때문에, 아이디어를 상품화하고, 그 상품을 내다 팔고, 팔아서 이윤과 명성을 축적을 할 수 있는 시장이 온전하게 있었기 때문에 가능했다고 본다.

    우리나라는 해방 후 정부를 수립하면서 법 체계를 세울 때 일본법을 거의 그대로 수입할 수밖에 없었다. 일본이 메이지 유신을 거치면서 독일(대륙)법 체계를 들여다가 자체적인 근대법 체계를 구축하고 있었고, 일제강점기에 일본 유학파들이 많았기 때문이다.

영미법은 기본적으로 판례를 중심으로 하는 법체계이다. 개인의 권리를 우선하는 역사가 반영된 형태로서, 판례가 성문법과 같은 법적 효력을 갖는 것이다. 이에 비해 대륙법 체계는 과거 판례에 의존하기보다는 해당 법 조항을 해석함으로써 판결을 하는 방식이다. 대륙법 체계의 근간이 된 바이마르 헌법은 자유주의와 민주주의를 기본으로 하면서 사회국가의 이념을 가미하여 사회성을 강조하고 생존권을 보장하는 것이 특징이다.

이러한 독일법 체계를 일본이 들여왔고, 다시 우리가 수용하여 만든 것이 제헌헌법이다. 따라서 우리 법 체계가 초기에는 사회주의적인 색채가 강했었는데, 이승만 정부부터 여러 차례의 개정을 통해 자유주의와 시장경제 철학이 반영되었다. 다시 말하자면 현재 우리나라의 법 체계는 영미법과 대륙법이 혼재하는 상황이어서 이에 대한 정리가 필요하다고 본다. 급변하는 환경에 대응하면서 국가경쟁력을 제고하기 위해서는 법 체계가 경제 주체들에게 보다 자유로운 경제활동을 보장하는 방향으로 가야 한다는 것이다.

3.
한국인의 분열 DNA와 정치 리더십의 공과

오늘날 대한민국은 세계적으로 경제 강국에 이어 문화 강국으로 인정받고 있다. 한국 문화의 긍정적 특성을 들자면 교육열, 역동성, 가족주의, 연고의식 등이 있고, 부정적 특성으로는 집단주의, 권위주의, 그리고 파벌주의 등을 들 수 있다.

어떤 문제가 발생하면 서로 합심해서 이를 해결하려고 하지 않고 자기 이익만을 챙기려 하거나 시비를 걸어 반목한 역사적 사례들을 통해 우리 민족이 가진 '분열의 DNA'를 확인해 보자.

먼저, 신라를 보자. 우리나라 상고사에 대한 견해는 다양하지만, 『국사대관』(이병도)이나 『한국민족문화대백과』에 의거하자면 우리 민족은 중국의 요동, 요서, 만주 지역에 거주하던 예맥족을 그 기원으로 본다. 이들은 고조선의 중심 세력이었는데, 문명이 발달하면서 한반도의 남쪽으로 점차 팽창한 것으로 보는 것이다.

그렇다면 중국 동북 지역과 한반도에 걸쳐서 고대국가를 이루었던 고구려, 백제, 신라는 하나의 민족으로 구성된 형제국가라 할 수 있다. 이들은 서로 경쟁하고 연대하며 국가의 면모를 갖추어 나아간다.

기원전 57년에 세워진 신라는 진흥왕(재위: 540~576) 시대에 영토를 크게 확장한다. 그러나 후대에 이르러 고구려와 백제가 계속 침략하여 영토가 쪼그라든다. 이를 보다 못한 무열왕이 왕권을 강화하면서 김유신을 앞세워 다시 영토 확장에 나선다. 그러나 자력으로는 승산이 없다고 판단하고 당나라를 끌어들여 나·당 동맹군으로 전쟁을 치른다. 물론 신라는 국력이 쇠약해진 고구려와 백제를 굴복시키지만, 동맹국이었던 당나라와 전쟁을 한 번 더 치르고 나서야 반도의 지배권을 확보하게 된다. 이렇듯 예나 지금이나 '공짜 점심은 없다'는 것을 기억할 필요가 있다.

그런데 여기에서 신라가 형제국인 고구려와 백제를 치면서 외세인 당나라를 끌어들인 일이 과연 칭송받을 만한 일인지는 다시 한번 생각해 볼 필요가 있다. 형제끼리 싸움이 났는데, 자기가 밀리니까 옆집 친구를 데려다가 때려준 꼴이다.

또 한 가지 불만은, 삼국 통일을 신라가 아니라 고구려가 했더라면 한반도의 역사는 어떻게 달라졌을까 하는 것이다. 오늘날의 입장에서 보면, 외세를 끌어들인 신라가 아니라 만주까지 국력을 떨쳤던 고구려가 삼국 통일을 달성했더라면 좋았을 것이라는 생각이 든다. 역량이 되지 않는 나라의 인물들이 욕심을 부려서 남의 힘을 빌려 한반도를 통일하는 바람에 우리 민족의 활동 무대가 반도 안으로 쪼그라들었다는 말이다.

이렇게 정치지도자들이 분에 넘치는 욕심을 부리게 되면 후손들에게 해악을 끼치게 된다는 것을 오늘날의 정치인들도 반면교사로 삼아야 할 것이다.

둘째, 파당 정치가 초래한 왜란과 호란을 보자. 임진왜란은 1592년(선조 25)부터 1598년까지 2차에 걸쳐서 일본이 조선을 침략하여 발생한 전쟁을 말한다. 조선이 임진왜란 초기에 속수무책이었을 정도로 국력이 쇠약해진 것은 장기간에 걸쳐 여러 가지 사건이 누적된 결과였다. 정치적으로는 연산군 이후 명종대에 이르는 4대 사화와 훈구·사림 세력 간에 계속된 정쟁으로 인한 중앙 정계의 혼란, 사림 세력이 득세한 선조 즉위 이후 격화된 당쟁 등으로 정상적인 정치를 수행하기 어려운 지경이었다. 일본의 침공 가능성에 대해서도 서인과 동인으로 갈려서 당쟁을 일삼다가 대비책을 마련하지 못하고 만다.

이러할 즈음 유럽에서는 대항해 시대가 열렸고, 상인들이 일본에 드나들면서 일본에서는 신흥 상업 도시가 발전하였고, 종래의 봉건적인 통치 방식이 위협받기 시작했다. 이때 도요토미 히데요시라는 인물이 등장하여 혼란기를 수습하고 전국시대를 통일하면서 조선 침공에 나선다. 임진왜란이 일어나자 조선의 왕은 더욱 무능했고, 대신들은 당파 싸움을 그치지 않았으며, 장수들은 전공을 가로채기에 급급했다. 이로 인해 수많은 백성들이 전쟁터에서 죽거나 굶어 죽었다.

7년간 지속된 임진왜란은 이순신의 활약과 도요토미의

죽음으로써 막을 내리지만, 조선·명·일본 등 삼국에 미친 영향은 대단히 컸다. 조선은 완전히 붕괴되어 경제적으로 파탄 상태가 되었고, 관료의 부패가 극에 달했으며, 숭명崇明 사상이 더욱 굳어졌다.

임진왜란이 끝나고 30년이 지나지 않아 조선은 또 외세의 침략을 받는다. 힘을 키운 여진족이 '후금後金'을 세우고 조선을 쳐들어왔으며(정묘호란, 1627), 국호를 '청淸'으로 바꾼 후에는 황제가 직접 쳐들어왔다(병자호란, 1636).

정묘호란의 원인에는 조선 조정의 내분이 크게 작용하였다. 서인 세력의 힘으로 광해군을 몰아내고 집권한 인조가 논공행상을 했는데, 이에 불만을 품은 이괄이 난을 일으켰다. 난은 곧 진압되었지만 이괄 잔당들이 후금으로 도망하여 광해군 폐위와 인조 즉위의 부당성을 호소하고 조선 병력이 약하니 속히 조선을 치라고 종용한다. 이에 호전적인 홍타이지가 광해군 폐위를 보복한다는 명분으로 군사 3만명을 보내 조선을 침공한다.

명나라를 궁지로 몰 정도로 강력해진 후금은 나라 이름을 '청'으로 바꾸고, 이제부터 조선은 '신하의 나라'라며 청나라에 신하로서 예를 갖추라고 요구했다. 이때 조정 대신들은 끝까지 싸우자는 '척화파'와 화해를 하자는 '주화파'로 갈라졌다. 결국 조선은 척화파의 주장이 우세하여 만주족을 야만족이라 무시하며 그들의 요구를 받아들이지 않았다. 화가 난 청나라 홍타이지는 12만 대군을 이끌고 다시 침입했는데, 이것이 병자호란이다. 막강한 청나라 군대는 순식간에 한양 근처까지 쳐들어 왔고, 인조와 신하들은 남한산성으로 들어가 45일간 버텼으나, 결국 '삼전도의 굴욕'을 당한다.

임금과 지배층이 나라와 백성을 우선하여 생각지 않고 개인의 영달과 권력에 눈이 멀게 되면, 그 국가는 아주 쉽게 무너진다는 걸 여실히 보여주는 사례이다.

셋째, 시아버지와 며느리의 권력 다툼을 보자. 흥선 대원군 이하응은 아들인 고종이 나이가 어렸기 때문에 국가 권력에 깊숙이 개입하여 막강한 권력을 휘둘렀다. 그리고 왕권 강화 차원에서 외척 세도 정치를 막기 위해 고종의 비를 들일 때 일부러 쇠락한 지방 양반 집안의 민씨를 선택했다. 그가 바로 명성황후이다. 처음엔 흥선 대원군과 명성황후의 사이가 나쁘지 않았으나 고종의 서장자였던 완화군完和君의 세자 책봉 문제로 충돌하여 명성황후와 사이가 틀어졌다.

고종이 성장하면서 아버지 그늘로부터 벗어나려고 했고 이 틈을 노려 명성황후도 이하응을 압박했다. 때마침 최익현을 비롯한 대신들이 흥선 대원군의 하야를 주장하는 상소를 올리자 마침내 1873년 이하응은 권력의 자리에서 물러난다.

	그렇지만 이하응은 호시탐탐 재기를 엿보았다. 영남 유생들이 위정척사衛正斥邪 운동을 벌였을 때 자신의 서장자였던 이재선을 옹립하는 데 간여했고, 임오군란이 일어났을 때 반란군의 옹립으로 잠시나마 재집권하기도 했다. 그러나 명성황후의 요청으로 청나라 군대가 개입하여 반란이 진압되자 이하응은 청나라에 인질로 끌려가고 만다.

	이후에도 이하응은 여러 번 재기를 시도했지만 번번히 실패로 돌아갔고 갑오개혁 때 일본에 의해 군국기무 총괄을 위임받기도 했으나 얼마 지나지 않아 역시 일본에 의해 물러난다. 이후 명성황후가 살해되는 을미사변이 일어났을 때 일본은 또다시 흥선 대원군을 앞세워 그들의 만행을 은폐하고자 했지만, 고종이 러시아 공관으로 망명하면서 대원군은 정계에서 완전히 물러나고, 1898년에 78세의 나이로 세상을 떠났다.

	조선은 1897년 대한제국으로 국호를 변경하며 부활을

시도했지만, 결국 1910년 을사늑약을 끝으로 대한제국은 멸망한다. 이 멸망의 요인은 여러 가지이지만, 국가의 존폐가 달린 위기의 시기에 시아버지 흥선 대원군과 며느리 명성황후가 싸우지 않고 잘 협력하여 일본에 대항했더라면 다른 결과로 역사가 전개되지 않았을까 하는 아쉬움이 남는다.

4.
한국 운동권 세력의 등장

　3·1운동의 열기에 힘입어 일본의 식민통치에 조직적으로 항거하기 위해 1919년 4월 중국 상하이에서 대한민국 임시정부가 수립되었다. 각료에는 임시의정원 의장 이동녕, 국무총리 이승만 등이 임명되었다. 9월 11일 임시헌법을 공포하고 이승만을 임시대통령으로 선출한다. 1926년 9월 임시대통령제를 폐지하고 국무원제를 채택하여 김구, 이동녕 등이 국무위원을 맡았고, 1940년 주석 중심의 지도 체제를 확립하고 김구가 주석으로 취임했다.

　임시정부가 중국에 있다 보니 당시 중국 정치가와 사회주의의 영향을 많이 받았다. 이승만이 임시정부 1차 개헌을 통해 대통령이 되었지만 4차 개헌을 통해 김구를 중심으로 한 사회주의 그룹이 전면으로 등장하면서 이승만과 대립하게 된다.

1945년 12월 '모스크바 3국 외상회의'에서 미·영·중·소 4개국에 의한 최고 5년의 신탁통치안이 결정되었다. 이 안이 국내에 전해지자, 임정을 중심으로 국민총동원위원회가 결성되어 반탁운동을 전개했다. 이 신탁운동을 둘러싸고 임시정부 측은 결사적으로 반탁을 주장한 반면, 남한 지역에서 활동하던 박헌영을 중심으로 한 조선공산당 등 좌익 세력은 찬탁을 주장하여 의견이 갈리게 되었다.

신탁통치안을 두고 좌우가 갈려 혼란이 계속되자 이를 타개하기 위한 방안들이 나온다. 첫째는 이승만을 중심으로 한민당이 호응하여 조직한 민족통일 총본부의 자율정부운동이었다. 얄타 회담과 모스크바 3상 결의를 취소하여 38선과 신탁통치를 없애고 즉시 남측만의 독립 과도정부를 수립하자는 것이다.

한편 김구를 중심으로 한 임시정부 계통의 한독당은 국민의회를 구성하여 반탁운동을 근본으로 하되 좌우합작과 남북통일을 실현할 것을 주장했다. 그런가 하면 김규식·여운

형 등 중간우파와 중간좌파가 주도하여 좌우합작운동을 적극 추진했다.

　김구는 남한만의 총선거에 반대하고 김일성과 통일 협상을 하려 했으나 실패하고 말았다. 결국 1948년 5월 10일 남한만의 총선거를 통해 제헌국회가 구성되었고, 제헌국회 초대 의장에 이승만이 당선되었다. 이승만을 주축으로 민주주의, 자본주의 체제의 남한 단독정부가 수립된 것이다.

　이승만도 원래는 한반도 전체에 민주국가를 수립하고 싶어 했으나 당시 상황이 현실적으로 그것을 어렵게 했기 때문에 이에 대응하기 위하여 남한만이라도 임시정부나 위원회 같은 것을 조직하여 이북에서 일어나고 있는 변혁적 조치에 대응해야 한다고 주장했다. 이러한 주장은 남한지역에서라도 자유민주주의와 시장경제를 보전하기 위한 것이었다.

　소련은 해방 직후부터 북한 지역에 부르주아 민주주의 권력을 수립한 뒤 인민민주주의 정권을 확립할 계획을 세우고 있었다. 이는 마르크스-레닌주의가 내세우는 인민민주주의 혁명 이론에 근거한 것이었고, 실제로 스탈린은 동유럽과 아시아 각국에 연립 정권을 구축한 후 공산화를 진행하도록 지시했다.

당시 38선 이북 북한 지역에서는 빠르게 공산체제가 자리잡아 가고 있었다. 김일성과 소련군정은 1946년 2월에 사실상의 정부인 북조선인민위원회를 만들고 토지개혁과 기간산업 국유화를 단행하고 군대를 개편했으며, 조만식을 비롯한 민족주의자들을 숙청했다.

한편, 광복 당시 남한에서는 좌익 세력이 사상적으로 식자층과 학생들에게 상당한 지지를 얻고 있었다. 평등한 세상을 건설한다는 비전은 매력적인 것이기 때문이었다. 이 시기는 일부 국가에서 레닌식 공산주의가 채택되기 시작한 지 얼마 되지 않은 초창기였고, 공산주의와 자본주의 중 어느 체제가 더 나을지 명확히 알 수 없는 시대였다. 실제로 제2차 세계대전 이후 소련은 공산주의가 제국주의를 타파할 수 있다는 명분으로 신생 국가들의 독립을 지원했다. 그러다 보니 많은 신생 국가들이 소련 편에 붙거나 외교만 중립인 공산주의를 선택했다. 그러나 이승만은 1923년에 쓴 『공산당의 당부당』에서 공산주의의 문제점과 미래를 명확히 예견했다.

조선공산당을 주도하던 박헌영이 신탁통치 오보 사건과

정판사 위조지폐 사건으로 인해 체포령이 떨어져 1946년 월북하게 되면서 남한의 좌익 세력은 급격하게 약화되고 만다. 월북한 박헌영은 북한 초대 내각이 출범하면서 부수상 겸 외무상에 선출되었고, 김일성과 함께 남침을 주도했으나 김일성과의 권력 투쟁에서 밀려 간첩 혐의로 1956년 숙청당한다.

이승만은 미국에서 유학하고 생활하면서 미국이라는 나라를 깊이 이해하고 있었다. 그는 자본주의와 민주주의라는 두 바퀴로 미국이 풍요롭고 강력한 나라로 성장하는 것을 목격하며, 한국도 자본주의 시장경제 체제를 선택해야 한다고 생각했다.

이승만의 주도하에 대한민국은 정부 수립과 함께 자유시장경제를 도입했다. 그러나 제헌헌법은 기간산업 및 주요 산업의 국공유화, 대외무역의 국가통제, 사영기업의 국유화와 경영통제 등 사회주의적 통제요소들을 많이 담고 있었다. 이는 국가가 공공복리를 명목으로 시장에 개입할 수 있다는 것이다.

이승만은 1954년 개헌을 통해 이러한 계획경제적 헌법 조항들을 시장경제에 맞는 조항들로 바꾸었다. 개헌 이후 주요산업과 자원에 대한 국공유화는 헌법에서 삭제되었으며 대외무역의 국가통제의 기준도 법률로서 규정하도록 제한하였다. 또한 특정한 경우를 제외하고는 사영기업을 국유화시키거나 경영통제를 할 수 없도록 했다.

이승만이 원한 것은 서구식 자유민주주의였다. 나중에 사사오입 개헌과 부정선거 등으로 얼룩지긴 했으나 자유민주주의를 도입했다는 점 자체에 대해선 높이 평가할 수 있다. 왜냐하면 이승만 집권 기간 동안 국민들은 대통령 선거, 국회의원 선거, 지방의회 의원 선거 등 자신의 손으로 직접 뽑는 민주주의 정치 경험을 반복적으로 축적할 수 있었다. 아이러니하지만 4·19 혁명이 일어나게 된 것도 결국은 이승만 정부가 자유민주주의를 가치로 정부를 수립했고 공교육에서도 자유민주주의를 가르쳤기 때문에 가능했다고 본다.

그리고 이승만은 지방자치제를 도입하여 한국의 풀뿌리 민주주의를 성장시켰다. 이승만이 도입한 지방자치제는 박정희의 쿠데타 이후 폐지되었다가 30여 년이 지난 1995년, 자치단체장 및 의원 선거 등을 통해 온전한 지방자치제가 다시 실시되었다.

8·15 광복 직후 남한의 농업인구는 전 인구의 64.5%

나 되었다. 200만 농가 중 자작 겸 소작이 37.9%, 순소작이 43.2%로 남한에서는 농지 재분배가 절실히 요청되고 있었다. 그리하여 정부는 1949년 6월 21일 '농지개혁법'을 공포한 뒤부터 이 사업을 본격적으로 착수하여 1950년 5월에는 대부분을 완료하게 되었으나 한국전쟁의 발발로 1951년 4월에야 끝이 난다.

조선시대, 일제시대 농민의 지위는 농노, 소작농이었다. 조선시대 당시 토지, 신분, 정치제도는 불가분 연결이 되어 있다. 조선의 헌법이라 할 『경국대전』에는 일반 백성의 법적 지위가 '전부' 즉 남의 땅을 빌려 경작하는 농부, 소작농이다. 백성이 소작농이면 주인은 임금이었다. 전 국민이 임금의 땅을 부쳐먹고 사는 처지였다.

일제시대에도 상황은 마찬가지였다. 1936년 우리나라 전체 농가의 75%가 소작농이었다. 소작료는 한해 수확의 '절반'이었고 수입의 절반을 지주에게 바치면서도 혹시 지주가 마음이 변해 소작을 끊어버리지 않을까 걱정해야 했다.

이승만에게 농지의 문제는 곧 인간의 문제였고 민주주의의 문제였다. 땅이 없어 노예처럼 사는 백성들을 땅을 가진 국민으로 해방시키는 문제였다. 국민이 주인이라고 말하며 정작 국민들이 노예처럼 살아간다면 제대로 된 민주주의가 정착할 수 없다. 경제적 자립이 없는 정치적 민주주의는 그림의 떡이다. 에리히 프롬의 명언처럼, "빵이 없는 자유는 자유가 아니다."

이승만이 농지개혁으로 우리나라 전 경작지의 95%가 소작지가 아닌 자작지가 되었다. 소작농은 자작농이 되었다. 토지개혁은 자유와 평등을 선물했다. 이승만 연구자 유영익은 "양반제도 근절의 최대 요인은 농지개혁"이라고 말한다. 양반지주들은 소유권을 상실함과 동시에 산업자본가로서의 전환에 실패함으로써 대부분 몰락의 길을 걷는다. 이로써 사농공상식 신분제의 조선은 끝나고 사민평등의 대한민국이 시작되었다.

다른 나라와 비교했을 때에도 이승만의 농지개혁은 성공적이라는 평가를 받는다. 북한에서는 무상몰수만 했고 분배는 하지 않아서 국민들이 지주의 노예에서 국가의 노예로 전락했다. 멕시코는 세 번의 토지개혁을 하지만 매번 실패했다. 베트남은 성공적으로 토지 분배를 하지만, 경작에 필요한 홍수 조절용 '댐'이 없어 결국에는 실패하게 된다. 해마다 반복되는 홍수로 먹을 것이 없게 된 농민들이 식량을 사기 위해 토지를 되팔았던 것이다.

이승만은 서구식 민주주의의 신봉자였다. 그러나 낮은 교육 수준에서 이를 실현하는 것은 불가능했기 때문에 이승만은 교육을 최우선시했다. 여성도 동등한 교육 기회를 가져야 한다고 생각하여 전 국민의 초등학교 6년 의무교육을 실시했다. 이 사업을 위해 당시 문교부 예산의 최대 80%를 할당했다. 광복 당시 초등학교 수는 2,800여 개였고, 한국전쟁 전후에는 이보다 줄어들었으나 1960년에는 4,600여 개로 늘어났다. 그 밖에도 이승만은 전쟁 중에도 '전시하교육특별조치요강'을 통해 수업이 중단되지 않도록 하며 교육을 고취했다. 그 결과 1951년 69.8%까지 떨어졌던 의무교육 취학률은 1959년에는 전국 적령 남녀 아동의 95.3%까지 늘어나 당초 목표를 초과 달성하는 성과를 거두었다.

4·19에 이은 민주당 집권 시기에 혼란이 계속되자 박정희 소장을 중심으로 한 군부 세력이 5·16쿠데타를 일으켜 정권을 잡는다. 대통령 권한 대행이던 박정희 국가재건최고회의 의장은 1962년 3월 17일 수출진흥법 등 16개 법령을 공포하여 수출진흥정책을 알리고, 제2공화국 정부가 기

획 중이었던 제1차 경제개발 5개년 계획을 시행했다. 그리고 1963년 10월 15일 치러진 선거에서 제5대 대통령으로 당선된 박정희는, 그해 12월 독일 국빈방문 때 중요한 아이디어를 얻게 된다.

박 대통령의 독일어 통역관이자 1차 경제발전 5개년계획을 입안한 백○훈 교수의 노력으로 광부 5,000명과 간호사 2,000명을 파견하는 조건으로 3,000만 달러 차관을 얻어낸다. 박 대통령을 만난 에르하르트 총리는 '라인강의 기적'을 예로 들며 경부고속도로와 제철산업, 자동차산업, 정유산업, 조선산업 등을 할 것을 주문하고, '한·일협정'을 맺을 것도 주문했다고 한다.

제1차 경제개발 5개년계획은 '자립경제 달성을 위한 기반 구축'을 기본 목표로 삼았다. '자립경제'의 구상 속에서 발전 산업 외에도 비료, 정유, 시멘트, 종합제철소, 종합기계, 조선소, 자동차 등 중화학 전 분야에 걸친 공장건설계획이 수립되었다. 그러나 중화학공업화는 막대한 투자를 필요로 했고, 통화개혁 및 일반은행 국유화를 단행했지만 부족한 자금을 마련할 수 없었다.

1965년 수출진흥종합시책이 본격화되면서 박정희 대

통령은 방미 길에 대한국제제철차관단(KISA)을 만들어 국제부흥개발은행(IBRD)으로부터 차관을 받고자 했지만 거절당했다. 결국 중화학공업의 기반이라 할 포항종합제철 건설 사업은 한일 국교정상화로 대일청구권 자금이 국내로 유입되면서 시작할 수 있었다.

1968년 북한 무장군 청와대 기습 사건, 푸에블로호 사건, 닉슨 독트린 발표 등 일련의 사태는 박정희 정부에게는 안보위기로 다가왔다. 이러한 1960년대 후반 격화하는 국내외의 안보위기 속에서 중화학공업화, 특히 철의 생산은 경제의 문제를 넘어 국방의 문제로 이해되었다.

1971년 11월 박정희 대통령은 오○철 상공부 차관보를 청와대 비서실 제2경제수석에 임명하여 방위산업 육성 임무를 맡겼다. 오 수석은 서울대 공대 출신 관료로서, 후일 한국 중화학공업의 초석을 놓은 국내 1호 테크노크라트라는 평가 받을 정도로 성과를 보여 준다.

박 대통령은 1973년 1월 연두 기자회견을 통해 이른바 '중화학공업화'를 선언했다. 그리고 1980년까지 100억 달러 수출, 국민소득 1,000달러 달성을 목표로 내걸었다. 이는 1972년 기준 수출액이 18억 달러, 1인당 국민소득 67달러인

점을 감안해 보면 대단한 것이었다.

1973년 7월 포항종합제철 1기 설비가 완성되었다. 드디어 이승만 정부 이래 꿈꾸었던 종합제철 설비가 안보위기의 바람을 타고 완성되었다. 포항제철은 대단했다. 나는 1982년 일본에 가서 신일본제철을 시찰했는데 포철보다 못했다. 포철의 생산라인은 당시 세계적으로 아주 독보적이었다. 보통 26단계를 거치는 과정이었는데, 포철은 13단계로 줄인 혁신적인 방식이었다. 중화학공업이 성공하려면 필요한 물건을 빠르게 운송할 수 있는 고속도로가 필요했다. 이에 경부고속도로를 착공하는데 김영삼과 김대중이 경제를 망친다고 반대했지만 박 대통령은 밀어부쳤다.

그런데 이 또한 자금이 문제였다. 당시 개인기업에는 외국에서 돈을 안 빌려 주니 국가가 지급보증을 서는 방식으로 차관을 도입했다. 이 자금으로 중화학공업에 집중 투자를 했고, 한국경제는 제1차 석유파동을 극복하고 급성장하면서 1970년대 중반 본격적으로 성과를 보여줬다. 1976~78년 연간 경제성장률이 10%를 넘겼고, 1977년 수출 100억 달러를 달성했다. 이는 목표보다 4년이나 앞당겨진 것이다.

"이 나라가 재건하는 데는 100년이 넘는 시간이 걸릴 것이다." 이 말은 더글러스 맥아더가 한국전쟁 이후 폐허가 된 서울을 바라보며 한 말이라고 한다. 하지만 그의 예상은 완전히 빗나갔다. 1953년 67달러에 불과하던 1인당 국민소득은 1977년에는 1,000달러, 2000년에는 1만 달러를 넘어섰다. 수출은 1957년에 약 2,200만 달러이던 것이 1977년에는 100억 달러, 2000년에는 1,700억 달러를 넘어섰다. 불과 30여 년 사이에 수백 배의 성장을 이룬 것이다.

제2차 세계대전에서 패전한 서독이 선진국으로 빠르게 도약한 것을 '라인강의 기적'이라고 부른 것을 빗대어 한국의 고속 경제성장을 상징하는 표현으로 '한강의 기적'이라는 말이 쓰였다. 특히 1988년 서울올림픽을 개최하면서 '한강의 기적'은 전 세계가 알게 되었다.

문제는 정치였다. 박정희 대통령은 '개발 독재'라고 표현될 정도로 비민주적 방법으로 통치했다. 나는 개인적으로 박 대통령의 공과 과를 나누어서 평가하고 싶다. 경제개발 과정을 길게 서술한 것도 그 이유에서이다. 1960년대 한국은 절대 빈곤국이었고, 가난에서 벗어나는 게 급선무였다. 박 대통령은 그것을 해냈다. 링컨 대통령은 변호사 시절 노예상을 변호한 전력을 있었지만 노예 해방이라는 더 큰일을 해내서 오늘날까지 존경받고 있다. 박 대통령에 대해서도 민주적으로 정치를 하지 못한 것을 너무 내세워서 그가 한국이 경제대국으로 성장할 수 있는 기반을 다진 공을 무시하는 것은 합당하지 않다고 생각한다.

박 대통령은 1971년 국가비상사태를 선포하고, 1972년에는 위헌적 계엄과 국회해산 및 헌법정지 등을 골자로 하는 대통령 특별선언, 이른바 10월유신을 발표했다. 이 선언의 골자는 대통령이 국회의원의 3분의 1과 모든 법관을 임명하고, 긴급조치권 및 국회해산권을 가지며, 임기 6년에 횟수의 제한 없이 연임할 수 있다는 것이다. 또한, 대통령 선출 방식이 국민의 직접 선거에서 관제기구나 다름없는 통일주체국민회의를 통한 간선제로 바꾸었다. 유신 체제는 행정·입법·사법의 3권을 모두 쥔 대통령이 종신 집권할 수 있도록 설계된 1인 대통령제였다.

이렇게 '긴급 조치 시대'가 개막되면서 민주화 운동을 억누르는 통제의 정치가 일상화되고 있었다. 그러나 1979년 5월 3일 신민당 전당 대회에서 '민주 회복'의 기치를 내세운 김영삼이 총재로 당선된 후 여야가 격돌하면서 정국은 더욱 경색되었다. 이어 YH 사건, 김영삼 총재직 정지 가처분 결정, 김영삼의 의원직 박탈 등 일련의 사건이 발생함으로써 유신 체제에 대한 야당과 국민의 불만이 크게 고조되었다.

이에 1979년 10월 16일 김영삼의 정치적 고향이었던 부산에서는 부산대 학생 5,000여 명이 "유신 정권 물러가라"는 등의 구호를 외치며 교내에서 반정부 시위를 벌였다. 10월 17일 저녁에는 시민들까지 합세했다. 정부는 10월 18일 0시를 기해 부산에 비상 계엄령을 선포하고 계엄군을 투입하여 진압했다. 그러나 마산 및 창원 지역으로 시위가 확산되었고, 10월 19일에는 마산 수출 자유 지역의 근로자와 고등학생들까지 합세하여 시위는 더욱 격렬해졌다.

이 부마 항쟁은 학생들의 민주화 운동을 전국적인 규모의 시위로 확산시켰고, 독재 권력 핵심부의 권력 암투를 보다 급속히 자극하여 10·26 사태로 이어졌으며, 박정희의 유신 체제가 무너지는 결정적인 요인으로 작용했다.

대학생 민주화 운동은 5·18 광주 민주화 운동을 계기로 더욱 활기를 띤다. 이른바 '운동권'이 등장하게 된 것이다. 운동권, 그러니까 우리나라 좌익 세력의 시작은 항일투쟁 과정에서 자연스럽게 유입된 사회주의 및 공산주의 사상에 그

뿌리가 있다. 임시정부 수립과 광복, 신탁통치 찬반 과정에서 좌익 세력은 자유주의 우익 세력과 충돌한다. 남한 단독정부가 수립되고 박헌영이 월북하면서 세력이 약화되었다가 한국전쟁 때 수면 위로 올라오지만 북한이 패퇴하면서 지하로 숨어든다. 이후 민주당 정권 때 전면으로 등장했으나 5·16 쿠데타로 반공 정책이 시행되면서 탄압을 받아 다시 수면 아래로 내려가게 된다. 그러다가 10월유신으로 박정희 대통령의 장기집권이 시작되자 투쟁을 강화하면서 대학생들이 전면으로 나서기 시작한다.

1980년대 운동권은 NL(민족해방파, 주사파) 계열과 PD(민중민주파, 마르크스-레닌주의) 계열로 크게 나눌 수 있다. 이 운동권 출신들은 이후 진보 세력을 형성하면서 현실 정치에 참여하고 있다.

문재인 대통령은 2019년 현충일 추념사에서 광복군 창설을 언급하며, 6·25 기간 북한 국가검열상·노동상으로 전쟁 지휘부 일원이었던 김원봉(1898~1958)을 '국군의 뿌리'로 연결시켰다. 문 대통령은 당시 "광복군엔 약산 김원봉 선생이 이끌던 조선의용대가 편입돼 마침내 민족의 독립운동

역량을 집결했다"며 "통합된 광복군 대원들의 항쟁 의지, 연합군과 함께 기른 군사적 역량은 광복 후 대한민국 국군 창설의 뿌리가 됐다"고 했다.

나는 이 추념식 연설을 TV를 통해 보고 큰일이라고 생각했다. 문 대통령이 자유민주주의와 시장경제 체제라는 대한민국의 정체성을 부정하고 북한식의 사회주의로 가겠다는 말로 들렸기 때문이다. 실로 대한민국의 앞날이 걱정되어 가슴이 먹먹해지는 순간이었다. 물론 운동권 내에서도 각론에서는 각자의 생각이 다를 수 있지만, 문재인 정부를 이끌었던 운동권 출신들은 사회주의를 기반으로 하는 정책들을 많이 펼쳤다고 할 수 있다.

민주주의는 국민이 주인인 체제를 말하는데, 사회주의는 국민을 주인이라 하면서도 도구화시켰다고 본다. 마르크스 사후 그의 사상은 독일의 카우츠키와 러시아의 레닌에 의하여 계승되었다. 전자는 독일파 마르크스주의인 사회민주주의이고, 후자는 러시아파 마르크스주의인 마르크스-레닌주의, 즉 공산주의이다.

북한의 김일성은 공산주의를 가져다가 '주체사상'이라는 걸 만든다. 김일성 주체사상은 사람이 자주성과 창조적 능력을 타고난 것이 아니고 '사회적으로 형성되고 발전해온 사람의 사회적 속성'이기 때문에 사회의 일원으로서가 아니면 자주성과 창조성을 가질 수 없다고 보는 것이다. 바꾸어 말하면 개인은 집단의 일원으로만 의미 있게 존재할 수 있고, 그 집단이 자주성과 창조성을 가질 때만 개인의 자주성과 창조성이 확보된다고 한다. '주체'의 개념은 인민 개개인의 자주성이나 창조성, 의식성이 아니라 김일성 한 사람의 권력확충을 위해 모든 북한 주민을 조작하여 기계적, 맹목적으로 추종하게 만드는 이념의 본질이라고 할 수 있다(이명재, 1995). 반면, 마르크스-레닌주의는 사회를 계급으로 나누고 중국처럼 통치계급이 이 역할을 한다는 것이다.

한국의 진보 세력 가운데에는 주체사상 신봉자도 있고, 통치계급이 국가를 통치해야 한다고 생각하는 마르크스-레닌주의자도 있다. 이러한 작금의 현실에 대해 나는 크나큰 우려를 가지고 있다. 그들의 철학은 근본적으로 국가의 주인이 국민이 아니고 자기들이 주인이라고 생각하는 것 같기 때문이다.

우리가 정치체제를 생각할 때는 한 가지를 더 고려해야 한다. 바로 북한이다. 일본이 사회주의로 가는 것과 우리가 사회주의로 가는 것은 전혀 다른 문제이다. 우리가 사회주의로 가면 북한에 흡수될 가능성이 있기 때문에 신중에 신중을 기해야 한다고 나는 생각한다.

5.
국가를 위협하는 부정부패

부정부패의 시작은 정치인과 고위관료들의 사심私心에서 비롯된다고 생각한다. 먼저, '햇볕정책'을 보자. 이 정책의 공식적인 명칭은 '대북화해협력정책'으로, 갈라진 남북의 화해와 교류, 협력 증대를 추구한 김대중 정부가 대북 유화를 목적으로 시도한 정책이다. 1998년 금강산 관광을 시작으로 첫 물꼬를 튼 이후 18년간 다양한 남북교류 사업을 진행했으나 2016년 개성공단 폐쇄 이후로 진행되는 사업이 없어 사실상 폐기되었다.

햇볕정책의 3대 원칙은, "북측의 무력 도발을 허용하지 않는다, 남측은 흡수 통일을 시도하지 않는다, 남측은 화해와 협력을 추진한다."였다. 6대 정책기조로는, 보다 많은 접촉·대화·협력의 추구, 정경분리 원칙에 입각한 경제교류의 활성화, 인도적 차원에서 북한동포의 식량난 해결 지원, 남북이산가족 문제의 조속한 해결 노력, 남북대화를 통한 상호주의적 협력과 남북기본합의서의 이행, 군사적 긴장완화와 신뢰구축을 통한 군비통제의 실현 노력 등이다.

　이러한 거창한 명분이 있더라도 나는 이 햇볕정책을 김대중 대통령의 사심이 들어간 정책으로 본다. 불법 대북송금 사건으로 인해 현대 아산의 정○헌 회장이 수사 끝에 자살하는 사건까지 일어났고, 김대중 대통령의 비서실장이었던 박○원 의원은 수감되어 복권에 상당한 기간을 보냈다. 그리고 2000년 대한민국 역사상 최초로 노벨상 수상자가 나왔다. '한국과 동아시아 전반의 민주주의와 인권에 대한 공로 그리고 남북화해와 평화에 대한 노력'으로 김 대통령이 노벨 평화상을 수상했다. 바로 이 세 가지가 그 '사심'의 증거이다. 심지어 노벨평화상 상금 8억 원을 국고에 귀속시키지 않고 아들 김○걸 씨가 상속세를 납부하는 데 쓰는 등 개인 용도로 사용했다고 한다. 이는 대통령직에 있으면서 받은 상금을 처리하는 방식으로는 적절치 않다고 본다.

둘째, 영변 핵시설 타격 위기 때를 보자. "여기서 서울이 멀지 않습니다. 전쟁이 일어나면 불바다가 되고 말아요." 1994년 3월 19일, 남북 특사교환 실무접촉에 나온 박영수 북한 대표의 이 발언으로 한국과 미국이 발칵 뒤집힌다. 한국에서는 전쟁 발발을 우려해 먹을거리를 사재기하는 등 전쟁에 대한 공포가 확산되었다.

북한은 그 전 해인 1993년 영변 핵시설에 대한 특별사찰 요구를 거부하면서 핵확산금지조약(NPT) 탈퇴를 선언했고, 이에 미국을 비롯한 국제사회가 북한과 극도로 대립하는 상황이 다음 해까지 이어지고 있었다. 상황이 심각해지면서 유엔 안보리가 6월 대북 제재 논의에 착수하자, 북한은 국제원자력기구(IAEA) 탈퇴를 선언하고, '유엔 제재는 곧 선전포고'라고 주장하면서 위기가 격화되었다.

이런 가운데 미국 정부는 '레드라인'(금지선)으로 삼았던 핵연료봉 교체가 시작되자 북한 핵 시설에 대한 정밀타격 방안을 논의하기 시작했고, 언론들은 전쟁 가능성을 보도했다. 윌리엄 페리 미 국방장관은 회고록에서 당시 미국 정부가 증원 전력을 한반도 주변에 대기시켰고, 추가 전력이 미 본토에서 한국에 도착하면 북한을 공격한다는 계획을 세워

놓았었다고 밝힌 바 있다. 이처럼 급박했던 상황은 지미 카터 전 미국 대통령의 개입으로 극적인 돌파구를 찾았다. 중재자 역할을 자처한 카터 전 대통령이 평양을 전격 방문해 김일성 주석과 만난 것이다. 카터 전 대통령은 김일성 주석과 미국의 대북 경수로 지원, 핵 공격 위협 제거, 그리고 이에 대한 대가로 북한의 핵 개발 동결과 남북정상회담 추진, 미-북 고위급 회담 재개 등에 합의했다고 발표했다. 이어 같은 해 8월 미국과 북한은 고위급회담을 재개하고, 스위스 제네바에서 기본합의에 서명하면서 제1차 북핵 위기로 인한 전쟁 위기는 일단 해소되었다.

    그런데 이 당시 김영삼 대통령은 한국군 한 사람도 전쟁에 동원하지 않을 것이라고 공언하면서 미국의 북한의 핵시설 타격에 강력하게 반대했다. 이유는 내 재임기간에 전쟁은 안 된다는 것이었다고 한다. 나는 이러한 YS의 전쟁 반대 이유가 못마땅하다. 국가의 명운이 달린 결정을 할 때 '내 재임기간'이라는 변수를 고려하는 것은 '사심'이라고 보기 때문이다. 이것은 국군통수권자로서의 자세가 아니다. 내 재임기간을 채우기 위해 어떤 위험이 생기지 않기를 바라는 마음, 그런 태도가 잘못됐다는 것이다. 나는 동방 경영에 직접 관여

할 때 아무리 훌륭한 임원이더라도 이런 태도로 업무에 임하는 것을 보면 가차없이 징계를 내렸었다. 물론 전쟁은 막아야 한다. 그러나 그때 북한 핵시설을 타격했더라면 오늘날 북한을 다루는 일이 훨씬 더 용이해지지 않았을까 생각해 본다.

셋째, 계파 정치를 보자. 한국 정치를 '보스 정치'라고도 한다. 걸출한 인물이 있어 기치를 세우면 거기에 사람들이 모여든다. 모인 사람들이 많아지면 조직화를 해야 하고, 조직을 관리하기 위해 돈이 필요하다. 보스는 돈을 마련해야 자기 조직을 유지할 수 있는 구조가 생기는 것이다. 나는 이것이 한국 정치가 부패로 가는 첫 번째 이유라고 생각한다.

한국 현대 정치사에 있어서 정치 계파는 항상 존재해 왔다. 현대화가 워낙 급작스럽게 이뤄졌고, 광복 이후 이데올로기에 따라 38선을 기준으로 북쪽은 공산주의가, 남쪽은 자유민주주의가 채택되면서 자연스럽게 특정 정치 지도자를 중심으로 한 정치 세력이 형성되었고, 계파의 형태를 띠게 되었다.

계파 정치가 가장 활발하면서 동시에 정치에 큰 영향을 준 시기는 바로 김영삼, 김대중, 김종필 세 사람이 전성기를 보낸 일명 '3김 시대'라고 할 수 있다. 특히 김영삼과 김대중은 박정희의 독재에 맞서 민주화 세력을 형성하여 투쟁했고, 박정희 서거 이후 혼란스러운 국정을 틈타 정권을 장악한 신군부의 제5공화국 때에도 민주화 투쟁을 지속했다.

김영삼이 이끄는 계파를 상도동계, 김대중이 이끄는 계파를 동교동계라 불렀는데, 이는 두 사람의 자택이 위치한 동네 이름에서 따온 것이다. 이 계파들은 조찬이나 등산, 마라톤 등을 함께 하면서 대외적으로 단합하는 모습을 보여 주었다.

양 김보다 상대적으로 존재감이 약했던 김종필은 신민주공화당 총재 시절인 1990년, 노태우 대통령(민주정의당)과 김영삼 통일민주당 총재와 함께 거대 여당인 민주자유당 창당에 참여하면서 여당에 몸을 담는다. 그러나 김영삼이 당권을 장악하고 대통령에 당선되자 민주계에 밀리면서 탈당하고 충청권 기반의 자유민주연합을 창당했다.

김종필은 1997년 대선을 앞두고 김대중(새정치국민회의), 박태준과 이른바 DJP연합을 결성하여 김대중이 대통령에 당선되는 데 일조를 했다. 하지만 연합 조건이었던 내각제가 실현되지 않자 2년여 만에 김대중과 결별한다. 이렇게

'3김 시대'는 셋 중 둘만 대통령을 역임하는 것으로 막을 내린다.

계파 정치는 계파의 수장을 중심으로 일사분란하게 조직을 움직일 수 있다는 것이 장점이다. 강력했던 군사정권에 맞서 민주화 투쟁을 오랫동안 지속할 수 있었던 이유가 물론 김영삼, 김대중의 정치적 역량이지만, 계파 정치 방식을 잘 활용했기 때문이라는 평가도 있다.

계파 정치는 수장의 의중에 따라 정치가 행해지기 때문에 내부적 비판이 쉽지 않다거나, 특정인의 사당私黨이 되어 민주주의의 발전을 저해한다는 단점도 있다. 또한 1인 체제 특성상 후계자 양성이 어려워 계파 수장이 현실 정치를 떠나게 될 경우 내부 분열이 쉽게 나타나고 한솥밥을 먹던 어제의 동지가 오늘의 적이 되는 상황도 자주 나타난다. 그러나 무엇보다도 계파 정치의 가장 큰 단점은 돈이 많이 든다는 것이며, 이로 인해 정치인들이 정경유착의 유혹에 끊임없이 노출된다는 것이다.

정치자금이나 정치인의 개인적 축재금을 마련하는 방식은 끊임없이 진화해 왔다. 5공화국 때까지만 해도 비교적 자유롭게 정치자금을 조성했다. 그러나 1993년 금융실명제가 시행되면서 가명, 차명, 무기명 계좌를 사용할 수 없게 되자 자금 조달에 장애가 발생했다. 이러한 상황에서 2002년 제16대 대통령 선거를 치르다가 나온 것이 이른바 '차떼기' 사건이다. 돈을 사과 박스에 담아 소형 화물트럭에다 실어서 배달했다. 당시 야당이던 한나라당이 유력한 대권 주자이던 이회창 후보를 등에 업고 삼성, LG, SK 등에서 800억원대의 대선자금을 조달한 것으로 밝혀졌다. 상대 후보였던 노무현 후보 측은 100억 원대를 수수한 것으로 조사되었다.

정당을 막론하고 선거는 엄청난 자금이 소요된다. 평상시 계파 관리, 선거 관리를 돈 안 들이고 하는 혁신적인 방식을 만들지 않으면 정치와 돈의 관계는 끊기 어려운 사슬임에 틀림없다.

우리나라에서는 대기업을 대상으로 하던 정치자금 수수가 중견기업으로 내려오고, 이제는 부동산 프로젝트나 가상화폐 같은 개인 단위로 조성 대상이 변화하고 있다. 고위직들이 고급정보를 먼저 취득할 수 있는 기회를 악용하여 사리사욕을 채우는 사례도 빈번하게 적발되고 있다. 이러한 일들을 예방하는 방법은 없는 것일까?

내가 알기로는 일본 정치는 전통적으로 파벌 중심이고,

정경유착 또한 공공연했다고 한다. 그런데 결정적 사건이 터지면서 정경유착 관행에 제동이 걸렸다고 한다. 1947년 중의원에 당선된 이후 자유민주당 요시다 시게루吉田茂의 측근으로 활동하며 일본 정계에서 입지전적 인물로 평가받던 다나카 가쿠에이田中角榮는 1972년 총리에 취임하여 중국과 수교하는 등 활발한 정치활동을 펼쳤다. 그런데 1974년 11월「문예춘추」특별호에 다치바나 다카시의 "다나카 가쿠에이 연구―그 금맥과 인맥"이라는 탐사보도가 실렸다. 다치바나 다카시는 1969년부터 1970년에 걸쳐 다나카 패밀리 기업군이 시나노 강 가센시키에서 약 4억 엔에 매수한 토지가 바로 건설성 공사에 의해 시가 수백억 엔이 된 비리를 폭로했다.

이 여파로 다나카 내각은 1974년 12월 총사퇴한다. 그리고 1976년, 전후 일본 정계 최대 스캔들인 '록히드 사건'이 터지면서, 다나카 가쿠에이는 5억 엔의 뇌물수수 혐의와 외환관리법 위반으로 체포되었다.

일본 정계에서 가장 강력했던 정치 후원 단체 월산회越山會(에쓰잔카이)는 전성기에는 회원수가 9만 5천여 명에 달했다고 한다. 1990년에 다나카 가쿠에이가 정계를 은퇴했을 때 해산했다. 월산회는 건설업자의 공공사업 수주와 선거 때의 표심을 거래하는 교환거래의 창구로서 지역사회와 정치권에 영향력을 행사했다.

브라질과 아르헨티나도 이 계파 정치의 폐해로 나라가 구렁텅이로 빠져들었다. 원래 정당이라는 것이 이념적으로 결성되어야 하는데, 돈을 매개로 움직이게 되니 부작용이 나올 수밖에 없다. 문제는 그 부작용이 개인에 국한되는 게 아니라 나라에 혼란을 초래한다는 데 있다. 우리나라에서도 선거철이 되면 정치인들이 줄을 서고, 네 편 내 편 가르면서 이합집산을 하는 과정을 보노라면 한숨이 절로 나온다.

넷째, 사법부는 또 어떠한가? 일명 '양승태 사법농단'은 박근혜 정부 시절, 양승태 대법원장이 상고법원 도입을 위해 법원행정처를 앞세워 행정부, 입법부에 불법적 로비를 하고, 상고법원 도입에 반대하거나 비판적인 법조계를 사찰하여 외압을 가했으며, 내부의 비판적 판사들을 주요 보직에서 배제하는 등 사법행정권을 남용하고, 심지어 청와대와 '재판거래'까지 했다는 의혹과 이를 둘러싼 논란이다. 이는 불법행위를 법으로 단죄하는 데 앞장서야 할 판사들을 정권의 하수인으로 전락시키고, 사법부와 행정부의 결탁으로 삼권분립을 무너뜨리는 헌법 유린 사태라 할 수 있다.

그런데 재판 과정 또한 납득하기 어렵다. 양 대법원장은 '사법행정권 남용' 사건으로 문재인 정부 때인 2019년 2월 11일 구속기소되었다. 그리고 5년이 지난 2024년 1월 26일에 1심 판결이 내려졌다. 47개의 범죄 혐의가 모두 무죄였고, 검찰은 항소했다. 무죄가 나온 결정적 이유가 판사들의 진술 번복이다. 물론 오비이락일 수 있지만, 총선을 앞둔 시점에 재판 결과를 낸 것과, 판사들의 진술 번복 사태를 보니, 이 또한 큰일이다 싶은 생각이 든다. 행정부나 입법부는 그나마 약간의 법적 견제장치가 있지만, 사법부는 탄핵 말고는 거의 없다. 이에 대한 법적 보완이 필요하다고 본다.

다섯째, 고위관료의 사례를 하나 보자. 지난 2024년 2월, 정부가 관리 중인 국내 유일의 해운사 HMM(구 현대상선)의 매각이 불발되었다. 우선협상대상자는 자산 규모에서 HMM(26조원)보다 적은 하림그룹(17조원)이었다. 노조와 부산지역 해양시민단체들은 매각 협상 결렬을 환영하며, 투자 여력이 큰 기업이나 해운 전문기업이 인수해야 한다고 했다. 맞는 말이다. 그러나 매각 불발은 경영의 구심점이 될 오너가 없는 사태가 이어진다는 의미다. 해운업은 호황과 불황 주기가 뚜렷한 특성을 지녔기 때문에 오너의 리더십이 중요한 업종이다. 장기 불황에는 적자를 감내하다가 호황에 대비해 한 발 앞서 투자를 단행하려면 장기적 안목이 필요하다.

조○환 전 해양수산부 장관이 2023년 11월 기자들과 만난 자리에서 "해운업종은 공공기관이 하기에는 부적합한 업종이다"라며 "오너 경영 내지는 오너의 신임을 받는 전문 경영인 하에서 운영하는 게 해운업의 특성이다"고 설명한 것도 이런 시각을 반영한 것이다.

올해 HMM의 가장 시급한 문제는 국제 얼라이언스(해운동맹) 재편에 대응하는 것이다. 모든 선사는 각자 해운동맹을 맺고 상호 물류를 실어주며 경쟁력을 높인다. HMM이 속한 해운동맹은 '디 얼라이언스'다. 하지만 이 동맹에서 가장 덩치가 큰 세계 5위 선사 하팍로이드(독일)가 탈퇴 후 2위 선사 머스크(덴마크)와 내년 2월부터 새로운 동맹을 맺겠다고 밝히며 전 세계 해운동맹의 연쇄 지각 변동이 예고된 상태다.

예멘 후티 반군이 홍해를 지나는 선박을 무차별 공격하면서 시작된 홍해발 해운 파동도 문제다. 그러나 한국의 해운사들은 이러한 외부 위협 요인뿐만 아니라 혹독한 정부 규제라는 내부환경도 견뎌내야 하기 때문에 다른 나라의 해운기업보다 경영이 더욱 힘들다. 해운업은 업계 특성상 규모의 경제가 필요한 산업군이다. 말하자면 덩치가 경쟁력인 업종이다. 국내 최대 벌크선사인 '팬오션'을 소유한 하림그룹이 대형 컨테이너 선사인 HMM을 무리하게 인수하려고 했던 이유도 규모의 경제가 목적이었을 것이다. 그러나 한국 정부는 중소 해운선사 보호를 명분으로 내세우며 규모의 경제에 제동을 거는 낡은 규제를 고수하고 있으니 답답한 노릇이다. 관계부처는 산업의 특성과 시장환경을 정확히 파악하고, 유연하게 대처함으로써 해운업뿐만 아니라 모든 업종에서 글로벌 경쟁력을 강화할 수 있도록 도와야 한다.

HMM을 포함한 한국의 해운업계는 현재 경영진의 판단만으로 내부와 외부에서 불어닥치는 세찬 바람과 파도를 넘어야 할 처지에 놓였다. 코로나19 팬데믹 물류대란에 따른 해운 호황의 시대는 끝이 났고 다시 침체기에 접어드는 이 시점에, 우리는 2017년 한진해운 파산 사태를 기억해 볼 필요가 있다. 기업의 자구 노력만이 우선이라는 원칙만을 고수하던 관련부처 장관과 관료들의 사심이 들어간 판단, 성급한 구조조정이 결국 대형 해운기업의 파산을 초래했고, 한국 해운업의 경쟁력을 상실하게 했으며, 동북아에서 손꼽히는 항구인 부산의 지역경제를 위축시키고 말았다는 사실을 절대 잊어서는 안 된다.

6.
정치인의 청렴

청렴淸廉은 "성품과 행실이 높고 맑으며, 탐욕이 없다"라는 뜻이다. 『대학大學』에는 "어진 사람은 재물을 나누어 주어 민심을 얻고, 어질지 못한 사람은 자신을 망쳐가면서 재화를 얻으려 한다仁者 散財以得民, 不仁者 亡身以殖貨"라는 경구가 나온다. 리더십과 재물의 관계를 아주 상징적으로 함축한 말이다. 나는 개인적으로 호찌민(1890~1969) 베트남 주석과 에이브러햄 링컨(1809~1865) 미국 대통령을 청렴한 정치 지도자로 꼽는다.

내가 1990년 베트남을 방문했을 때 풍타오 호찌민 시장을 만났다. 그는 베트남 건국의 아버지라 불리는 호찌민胡志

明의 청렴에 대해 설명해 주었다. 호 주석은 소박하게 생활했고, 도덕성이 높다 하여 사상과 상관없이 베트남 국민들로부터 존경받았다고 했다. 그가 남긴 유품은 미화 300달러와 책상, 타자기, 슬리퍼 한 켤레, 안경, 아령 등이었다고 했다. 권력의 정점에 오랫동안 있었지만 호찌민은 청렴을 선택했고, 지금까지도 국민들의 존경을 받고 있다.

호찌민은 어린 시절 가난하게 살다가 1911년 바(Ba)라는 가명으로, 프랑스 증기선의 요리사로 근무하며 3년 이상 여러 국가를 여행했다. 그는 생전 160여 개가 되는 가명과 필명 등을 사용했다. 1914~1917년까지는 영국 런던 등지에서 밑바닥 인생을 전전했으나, 제1차 세계대전이 끝나면서 프랑스 파리에 정착했고, 그곳에서 정원사·웨이터·청소부 등으로 일하며 사회주의 운동을 시작한다. 1920년 프랑스공산당이 창립되자 여기에 가담했고, 이듬해인 1921년 공산당의 지원으로 '프랑스식민지인민연맹'을 결성했다.

1924년 모스크바의 코민테른 제5차 대회에 출석했고 이곳에서 약 2년간 머물며 공산당 혁명사상을 익혔다. 그는 코민테른으로부터 지령을 받고 중국 남부 및 태국으로 파견되는 등 베트남 주변에서 혁명운동을 계속하다가 인도차이나 공산당을 창립한다. 그는 중국을 근거지로 베트남 혁명청년동지회를 결성, 이곳에서 훈련받은 베트남인들을 인도차이나 지하조직으로 내보냈다. 그리고 기관지 《청년》을 발행하며 조직을 키워나간다.

　1931년 6월 홍콩에서 영국 경찰에 체포되었고, 1933년 석방된 뒤에는 모스크바로 돌아갔다가 1941년 베트남 잠입에 성공한다. 당시 인도차이나는 프랑스와 일본의 공동협약 아래 식민지배를 받고 있었는데, 그는 인도차이나 공산당을 중심으로 월맹(베트남독립동맹)을 결성하여 해방을 위한 총 봉기를 목표로 세를 확산시켜 나갔다. 그리고 이때부터 '호찌민'이라는 이름을 사용하게 된다.

　그는 제2차 세계대전에서 일본의 패배를 직감하고 중국과 미국에 전략적으로 접근하여 지원을 받아낸다. 중국과 미국에게 월맹이 임시과도정부임을 승인받는다. 미국은 인도차이나에서 프랑스 세력을 약화시킬 목적으로 월맹을 지원하고, 이로써 호찌민은 승리할 기회를 얻게 된다. 태평양 전쟁 종결 후 호찌민을 의장으로 하여 민족해방위원회가 결성되어 총 봉기했으며, 월맹은 베트남 중·북부 지역을 빠르게 장악해 갔다.

그러다 1945년 9월 호찌민은 베트남민주공화국의 독립을 선언하면서 정부 주석으로 취임했다. 1954년에는 직접 프랑스에 대한 항전을 지휘하여 독립을 지켜내기도 하지만, 구소련과 중국의 간섭으로 인해 완전한 독립에 이르지는 못했다. 이후 제네바 회담에서 베트남은 17도 선을 경계로 남북으로 분할되었으며, 이내 남북 간 전쟁이 시작되었다(베트남 전쟁). 당시 호찌민은 정계 일선에서는 물러났으나 여전히 막후에서 영향력을 행사했다. 그는 1969년 심장병으로 급사했는데, 베트남 전쟁은 그가 죽은 지 3년 후인 1972년에야 막을 내렸다.

호찌민은 국가주석으로 24년간 재임하는 동안 한 번도 인기영합주의의 포퓰리즘 정책을 표방한 적이 없다고 한다. 오히려 국민들의 허리띠를 졸라매게 했고, 민족의 단결과 근검절약을 요구했다. 베트남의 역사를 새로 쓴 호찌민 주석은 통치의 개념이 '다스림'이 아니라 국민과 항상 '함께'였다. 그것은 국민과 함께 일하고, 함께 먹고, 함께 자는 '바(3)꿍(함께) 정신'이다. 1969년 9월 2일 79세의 일기로 서거했을 때, 미국의 시사 주간지 타임즈는 "이 지구상의 어떠한 민족 지도자도 적의 총칼 앞에서 그토록 오랫동안 그리고 집요하게 맞선 인물은 없었다"고 했다. 이와 같은 강직함은 청렴에서 나온다고 본다.

에이브러햄 링컨은 미국 켄터키 하딘 카운티에서 태어났다. 부모님은 두 분 다 버지니아의 평범한 집안, 굳이 설명하자면 이류 가문 출신이었다. 사람이 살기에는 척박한 환경이었고 그 곳에서 성장기를 보냈다.

젊은 시절의 링컨은 농장에서 일하며 울타리의 가로대를 쪼개고 일리노이 뉴세일럼에서 가게를 운영하는 틈틈이 지식을 쌓기 위해 노력을 쏟았다. 그는 '블랙호크 전쟁'에 대위로 참전했으며 8년간 일리노이 의회의 의원을 지냈고 여러 해 동안 순회재판소를 돌기도 했다. 그의 동료 변호사는 '링컨의 야망은 휴식을 모르는 작은 엔진'이라고 평가했다.

1858년 링컨은 상원의원 선거에서 스티븐 A. 더글러스와 맞붙었다. 선거에서는 패했지만 더글러스와의 치열한 논쟁 과정에서 그의 이름은 전국에 알려지게 되었고 그 여세를 몰아 결국 1860년 공화당 대통령 후보로 지명되었다.

대통령에 취임하자 링컨은 공화당을 강력한 국가적 기구로 재편했다. 여기에 그치지 않고 그는 북부 민주당 세력

대부분을 포섭하여 연방을 수호하려는 자신의 대의명분에 동참하도록 설득했다. 1863년 1월 1일 링컨은 남부동맹 내의 모든 노예들을 영구히 해방시키는 '노예해방선언'을 발표했다.

링컨은 남북전쟁이 단순한 노예해방 전쟁 이상의 의미를 가진다는 사실을 세계가 결코 잊지 않게 했다. 그는 이러한 자신의 이상을 국립묘지를 헌정하는 게티즈버그 연설에서 가장 감동적으로 표현했다.

> "오늘 이 자리에서 우리는 이들의 숭고한 희생이 결코 헛되지 않을 것이라고 다짐합니다. 신의 가호 아래 이 나라에서 자유가 새롭게 태동할 것이며 국민의, 국민에 의한, 국민을 위한 정부는 이 땅 위에서 결코 사라지지 않을 것입니다."

연방군의 잇단 승리로 종전이 가까워오던 1864년 링컨은 재선에 성공했다. 전후 평화 정착을 위한 구상에서 링컨은 유연하고 관대한 정책을 펼쳤다. 워싱턴 D.C. 링컨 기념관 한쪽 벽에 새겨져 있는 이 취임사를 보자. 그는 "누구에게도 악의를 품지 말고, 모두에게 자비심을 베풀며, 올바른 것을 보도록 신이 우리에게 내린 단호함을 바탕으로 정도를 따르면서, 우리의 임무를 완수하기 위해, 이 나라의 상처를 치유하기 위해……"라고 말하고 있다. 1865년 4월 14일 성금요일 워싱턴 포드극장에서 링컨은 존 윌크스 부스에 의해 암살당했다.

정치인이 되기 전의 링컨은 지방에서 하찮은 사건만 맡으며 수임료 수입도 변변치 않은 변호사였다. 이 시절 변호사로 활동하던 스탠턴(E. M. Stanton)은 링컨을 '긴팔원숭이'라고 비하하며 공공연히 무시했다고 한다. 링컨의 사심 없는 리더십은 바로 이 스탠턴을 중용한 데서 잘 드러난다. 1861년 대통령 당선 이후 링컨은 변호사 시절부터 자신을 무시해온 정적 스탠턴을 공화당 인사들의 반대를 무릅쓰고 전시 국방장관으로 임명한 것이다. 링컨은 스탠턴이 정직하고 엄격하며 원칙을 밀고 나가는 스타일이라는 걸 잘 알고 있었고, 스탠턴은 과연 링컨의 기대대로 남북전쟁을 승리로 이끄는 데 큰 역할을 했다. 이는 링컨 특유의 포용과 통합의 리더십을 말해주는 대표적인 사례로 손꼽힌다.

"모든 사람들을 잠깐 속일 수 있을지 모르지만, 또 일부의 사람들을 영원히 속일 수 있을지 모르지만, 모든 사람을 영원히 속이는 것은 불가능하다."이것은 링컨의 명언이다. 링컨은 정치에 입문한 후에 자기가 변호사 시절 노예상을 변호한 적이 있다고 고백하여 큰 파장을 일으키기도 했다고 한다. 자기가 도덕적으로 치명상을 입을 줄 알면서도 용기를 낸 것이다. 그리고 노예상 편을 들었던 자신의 과오를 뉘우치고 노예 해방이라는 위대한 일을 해냈다. 정직도 청렴의 한 범주이니, 링컨은 청렴한 정치인의 표상이라 아니할 수 없다.

7.
기업인의 청렴

 그렇다면 청렴은 정치인이나 고위공직자의 전유물일까? 그렇지 않다고 본다. 기업인도 청렴할 수 있다. 기업인이 청렴하기 위한 방법으로 나는 다음 두 가지를 실천하며 살아왔다.
 첫째, 돈을 정직하게 버는 것이다. 투기를 하지 않고, 정경유착을 통해 권력과 거래하지 않는다. 앞에서 잠깐 언급했듯이 1970년대 말 한일합섬 김○수 회장이 제안했던 말죽거리(지금의 양재동) 지역의 부동산 개발에 반대했었다. 기업인은 발로 뛰어서 정직하게 돈을 벌어야 한다는 철학이 있었기 때문이다. 이 생각은 지금도 변함이 없다. 금융투자를 반대하는 것은 아니다. 토지는 물론이고 교환수단이던 화폐마저 상품화되어 거래되는 게 현 자본주의 체제다. 인정한다. 그러나 진정한 노동의 가치가 반영된 상품, 그 상품을 생산하고 유통해서 번 돈이 더 가치가 있다고 생각한다.

    1981년 제5공화국이 출범할 때 정치 입문의 기회가 왔었지만, 나는 이를 거절했다. 돈을 벌어보겠다고 기업을 시작한 사람이 청빈해야 할 공복으로 전업하는 것이 어려울 것 같았기 때문이다. 이 일로 인해 카피트판매회사마저 접게 되는 대가를 치러야 했지만, 이때의 판단은 잘했다고 생각한다. 그게 내 철학과 맞는다. 그리고 서슬이 퍼렇던 전두환 정권 때도, 이어진 노태우 정권 때도 나는 돈을 주지 않았다. 만나려면 돈을 싸 들고 가는 것이 관행이어서 아예 정치인들을 만나지를 않았다. 정경유착이 싫어서 차라리 만나지를 않는 방법을 택한 것이다.

    둘째, 기업인이 청렴하기 위한 방법으로 경제적 나눔이 있다. 자본주의에서 기업인은 자본가이다. 자본가는 사회 공동체가 잘 운영되도록 할 의무가 있다. 물론 국가가 법과 제도로서 공동체 운영에 참여한다. 그렇다면 자본가는 무엇으로 공동체의 안정에 기여해야 할까? 그것은 당연히 자본, 그러니까 돈이다. 돈으로 기여를 해야 한다.

기업인이 벌어들인 돈은 어디에서 나온 것인가를 따져 봐야 한다. 기업은 국가의 보호 아래 유지되는 시장에서 경제 활동을 통해 상품을 생산하고 소비하도록 하여 이윤을 가져간다. 이때 대부분의 기업인들은 세금 내고 남은 이윤이 모두 자기 몫이라고 생각한다. 그러나 이는 잘못된 생각이다. 그렇게 생각하면 안 된다. 시장이 있었기 때문에, 그 시장에서 상품을 사간 소비자가 있었기 때문에 돈을 번 것이다.

따라서 이윤의 많은 부분을 소비자에게 돌려 주어야 한다. 자기의 노력만큼은 남겨 두고 나머지는 사회 공동체에 돌려 주는 것이 의무라고 생각한다. 이것이 기업인이 사회의 리더로서 청렴을 실천하는 방법이다. 이것은 앞서 말한 정직하게 돈을 번다는 것과도 일맥 상통한다. 내 몫이 아닌, 부당한 이득은 취하지 않는다는 의미이기 때문이다. 이런 맥락에서 나는 인산장학문화재단을 설립, 운영하고 있다. 물론 대기업들의 사회적 기여나, 미국 거부들의 기부활동에 비하면 규모가 형편없지만, 동방그룹 매출 규모로 보면 작은 규모도 아니다.

2024년도 2학기까지 총 1,223명의 학생, 4개의 교육기관, 2개의 지자체에 약 23억 원의 장학금을 지급했다.

1988년 설립 이후 10년 동안에는 잘 운영했으나 1997년 IMF 금융위기로 동방그룹이 타격을 받아 명맥만 유지했었다. 그러다가 내가 여생을 사는 동안 꼭 해야 할 과업이라고 생각하고, 2년 전부터 재단을 재정비하여 마침내 기금 총액 100억 원을 조성했다. 이제 내가 떠나더라도 장학사업을 계속할 수 있는 기틀은 마련되었다.

영국 CAF(자선지원재단)가 발표한 2023년 세계기부지수(WGI, World Giving Index)에 의하면, 지난해 우리나라는 CAF 기부참여 지수가 38점으로 142개 조사대상국 중 79위를 차지했다. 이는 전년(35점, 88위) 대비 소폭 상승한 수치지만 미국(5위), 영국(17위) 등 주요국에 비해 여전히 낮은 순위다. 미국은 웬만한 국가 예산 수준의 기부가 매년 이뤄지고 있다. 비영리단체 '기빙USA'에 따르면 2017년 기준 미국인이 기부한 총 금액은 약 4,100억 달러(약 490조 원)로 전년 대비 5.2% 늘어났다. 이는 한국 정부의 지난해 예산(429조 원)을 넘어서는 수치다.

이처럼 점차 성장하고 있는 미국의 통큰 기부문화와는 달리 한국의 기부문화는 점점 쪼그라드는 형세이다. 사회복지공동모금회가 매년 실시하는 나눔캠페인에서 개인기부 비중은 지난 2013년 2,663억 원에서 2017년 1,939억 원으로 27% 줄었다. 전체 모금액 중 개인기부가 차지하는 비중도 47%에서 32%로 낮아졌다.

지난 1월 한국경제인협회(한경협)는 최승재 교수(세종대)에게 의뢰한 '공익법인 법제 연구' 보고서를 통해 한국의 기부문화가 활성화가 되지 못하는 것은 공익법인에 대한 강력한 규제가 주요 원인이라는 주장을 폈다. 이 보고서에서 최 교수는 공익재단이 일부 그룹계열사의 지배구조를 공고히 하는 수단으로 사용된다는 비판도 받고 있지만, 사회적 취약계층 지원 등 국가가 수행해야 하는 사회적 과제를 대신 기업이 공익재단을 통해 발굴·해결하는 순기능 역시 가지고 있다고 언급했다. 또한 우리 법제가 공익법인의 이러한 순기능은 고려하지 않고, 공익법인의 존속 가능성까지 저해시킬 우려가 있는 강력한 규제 기조만을 유지하고 있는 현 상황은 분명 문제가 있다고 보았다.

상출제 기업집단 소속 공익법인이 의결권 있는 주식을 취득하는 형태로 출자받는 경우에 5%까지만 면세 한도가 인정되지만 미국은 20%까지 면세가 인정된다. 일본의 경우 별도의 법률로 주식발행 총수의 50%까지 취득할 수 있으며 이에 대해서는 별도의 상증세를 부과하지 않는다.

최 교수는 특히 "현행 규제의 가장 큰 문제점은 공익법인의 지속가능성에 대한 고려가 전혀 없다는 점"이라고 지적하면서 "공익법인에 대한 부정적인 시각 자체를 재고해야 한다"고 주장했다.

한편 최 교수는 "ESG, CSR 등이 강화되는 상황에서 기업의 사회적 책임을 '공익법인'이라는 지속 가능한 형태로 이어나가는 것이 바람직한데도 불구하고 각종 규제들에 가로막혀 있는 현실이 안타깝다"고 지적하면서 "공정거래법상 의결권 제한 규제를 폐지하고 상증세법상 주식 취득 면세 한도를 미국 수준인 20%로 확대하는 등 전면적인 규제 완화가 필요하다"고 강조했다.

기업과 기업인들의 기부를 통해 사회 안전망을 강화하고, 교육이나 문화예술을 진흥하려면 역시 미국의 사례를 연구할 필요가 있다. 우리에게 잘 알려진 워런 버핏이나 빌 게이츠, 멜린다 게이츠 부부, 마이클 블룸버그 등은 천문학적인 돈을 기부하고, 재단을 운영하고 있다. 이하에서는 우리가 참고할 만한 독특한 기부 사례 세 가지를 소개한다. 기업인의 극단적인 청렴을 실천한 척 피니 세계 최대 면세점 업체 DFS 창립자, 메트로폴리탄미술관 탄생과정, 뉴욕에 있는 알베르트 아인슈타인 의대 이사회 의장 루스 고테스만에 관한 기사다.

먼저, 최근 타계한 세계 최대 면세점 업체 DFS 창립자 척 피니의 사례를 한번 보자. 그는 생전에 5개 대륙에 80억 달러(10조 8,000억 원) 이상 기부했다. 그리고 방 2칸짜리 임대주택서 2023년 10월 92세로 타계하여 청렴과 자선이 무엇인지를 확실하게 보여 주었다.

기부하고 싶다면 살아있는 지금 기부해 보세요.
죽어서 기부하는 것보다 훨씬 더 즐겁습니다.

수의壽衣에는 주머니가 없다. 그렇다 한들 10조 원의 재산을 사후死後가 아닌 살면서, 그것도 한창 나이 때부터 사회 곳곳에 나눠주고, 만년엔 빈털털이 노인으로 살다 홀연히 떠날 수 있는 이는 세상에 몇 없을지 모른다. 92세의 나이로 영면에

든 세계 최대 면세점 업체 DFS 창립자 찰스 프란시스 피니(이하 '척 피니')가 '미국 부호들의 영웅'이라 불리며 추앙받는 이유다. 미 매체 포브스는 "이런 부자 중 누구도 살아 있는 동안 재산을 그렇게 완전히 기부한 사람은 없었다"고 했다.

"살면서 모든 것을 기부하고 가겠다"고 선언한 피니는 약속을 지키고 지난 9일 샌프란시스코의 침실 2개짜리 아파트에서 마지막 숨을 거뒀다. …(중략)… 뛰어난 사업 수완과 해외여행 수요가 급증하던 경제적 배경이 맞물려 면세점 사업으로 50세에 막대한 부를 이룬 피니는 1984년 자신의 인생을 바꿀 큰 결심을 한다. 그는 자신이 소유한 DFS의 지분 38.75%를 자신의 재단인 '애틀랜틱 필랜스로피'(1982년 설립)로 비밀리에 양도했다. 재단의 설립 목적은 전 세계의 교육, 인권, 과학, 의료 증진을 위해 80억 달러(10조 8,000억 원)를 기부하는 것이었다.

13년 동안 피니는 기부 활동을 철저히 비밀에 부쳤다. 포브스는 이 익명의 자선가에 '자선 활동의 제임스 본드'라는 별명까지 지어줬다. '제임스 본드'의 정체는 1997년에야 그가 LVMH에 지분을 매각하면서 드러나게 됐다. 그전까지는 '돈만 아는 억만장자'로 매도됐던 피니가 자신의 재산을 남몰래 기부한 사실이 알려지자 그제야 그에게 찬사가 쏟아졌다.

그가 기부를 시작한 계기는 그리 특별하지 않았다. 그는 부를 가장 잘 사용하는 방법은 다른 사람을 돕는 것이라고 말한 '기부 문화의 선구자' 앤드류 카네기에게 영감을 받았다. 그는 1980년대 초 자신이 갖고 있는 자산을 하나하나 조사했다. 뉴욕, 런던, 파리 고급 아파트에 모자라 호화로운 별장도 갖고 있었다. 요트와 개인용 제트기도 있었다. 그는 문득 자신이 너무 많은 것을 소유하고 있다는 사실에 불안감을 느꼈고 부에 따르는 의무를 고민하게 됐다. (중략)

피니는 그때부터 자신의 삶을 재정비했다. 리무진을 팔고 지하철과 택시를 이용했다. 그는 책과 서류를 비닐봉지에 담아 이코노미 클래스에 탑승했다. 뉴욕에 있을 때 값비싼 레스토랑에 가는 대신 햄버거를 즐겨 먹었다. 그가 손목에 착용한 시계는 단돈 10달러(1만 4,000원)짜리였다. 그는 생전 "돈은 매력적이지만 그 누구도 신발 두 켤레를 신을 수는 없다"는 말을 마음에 새겼다.

그는 평생 막대한 재산 중 200만 달러(27억 원)만 남기고 기부하겠다는 약속을 지켰고, 5개 대륙에 80억 달러(10조 8,000억 원) 이상을 기부했다. 대부분 익명 기부였다. 아동·청소년, 인구, 의료·건강, 교육, 과학·기술, 인권, 평화 등 그가 기부하지 않은 분야를 찾기가 어려울 정도다. 그가 27억 달러(3조 6,000억 원)를 지원해 세워진 1,000개 건물 중 그의 이름을 딴 건물은 하나도 없다고 한다. 2016년 12월 피니는 모교인 코넬 대학교에 700만 달러(94억 원)를 기부하며 공식적으로 재단의 계좌를 모두 비웠고, 2020년 재단은 문을 닫았다.

출처: 이혜진, 조선일보, 2023.10.15.

두 번째로는 철저하게 민간 기증으로 세워진 메트로폴리탄 미술관의 탄생과정과, 미국 아인슈타인 의대 이사회 의장 루스 고테스만의 장학금 기부가 어떤 의미를 갖는지 살펴보자.

노블리스 오블리주의 마법…
100년 먹고 살 문화예술 도시를 만든 사람들

미국에서 가장 큰 미술관이자, 뉴욕의 상징 메트로폴리탄미술관. 고대 이집트부터 유럽과 미국, 아시아에서 모인 300만 점 이상의 작품을 소장하고 있어 흔히 영국 대영박물관, 프랑스 루브르박물관과 함께 세계 3대 미술관으로 꼽힌다.

메트로폴리탄미술관이 다른 두 곳과 차이점이 하나 있다면 그 태생이다. 대영박물관과 루브르박물관이 왕실 보관품이나 제국주의 시대 다른 나라에서 가져온 예술 작품들을 토대로 국가 차원에서 건립했다면, 메트로폴리탄미술관은 철저하게 민간의 기증으로 세워졌다. 1866년 파리에 살던 미국인들이 미국독립기념일을 축하하기 위해 모인 자리에서 "미국에도 이제 명품 미술관 하나쯤은 있어야 하지 않겠냐"고 뜻을 모은 게 계기였다. 그로부터 4년 뒤인 1870년 그 뜻에 동참한 변호사, 사업가, 예술가들은 십시일반으로 기금과 기증품을 모아 소규모로 뉴욕에 메트로폴리탄미술관을 개관했다.

'더 메트'의 등장은 미국의 국격을 높이는 분기점이 됐다. 20세기 초 산업화 시기 막대한 부를 거머쥔 미국인들을 (유럽에 대한) 문화적 열등 의식에서 벗어나게 했고, 부를 가진 자들이 더 많은 미술관들을 짓게 했다. '더 메트 효과'는 뉴욕을 세계 문화의 중심지로 만드는 데 큰 몫을 했고, 쇼비즈니스와 상업 예술의 메카였던 도시를 '영원불멸의 명화 한 점을 보러 찾아오는' 명품 도시로 만들었다. 154년 전 '더 메트'가 미국 기업가들에게 심어놓은 예술 사랑의 DNA는 현재진행형이다.

출처: 김보라, 한국경제신문, 2024.2.25.

美 의대에 1조 기부금 … "감격, 인생 바뀌었다"

미국 뉴욕에 있는 알베르트 아인슈타인 의대에 1조 원이 넘는 기부금이 들어와 화제가 된 가운데, 이 통 큰 기부가 재학생의 삶은 물론이고 지역사회 의료 개선에도 크게 기여할 것이라는 전망이 나오고 있습니다. 28일(현지시간) 영국 BBC 방송에 따르면, 이 대학의 전직 교수이자 이사회 의장인 루스 고테스만(93) 여사가 "학생들이 무료로 수업받도록 지원하고 싶다"며 10억 달러(약 1조 3,315억 원)를 기부했다는 소식이 전해진 지난 26일 의대 전체가 기쁨으로 들썩거렸습니다. (중략)
학생들은 BBC와의 인터뷰에서 학자금 빚 때문에 불가능으로 여겼던 꿈을 다시 구상할 수 있게 됐다고 입을 모았습니다. 그들은 갑자기 생긴 재정적 여력을 바탕으로 가정을 꾸리고, 집을 사고, 대출금을 갚는 것이 아니라 자신의 의술을 지역사회에 환원하고 소외된 의료 분야를 강화하는 경력을 시작하고 싶다고 밝혔습니다. (중략)
아인슈타인 의대의 등록금은 연간 5만 9,000달러(약 7,800만 원)가 넘습니다. 이런 부담 때문에 학생들의 50% 가까이가 졸업하는 데 20만 달러(약 2억 6,000만 원) 이상의 빚을 지게 됩니다. 학생들은 주거와 식사, 시험준비, 시험등록 등에도 수년간 돈을 써야 합니다. 지난해 미국 의과대학생은 평균 25만 995달러(약 3억 3,000만 원)에 달하는 빚을 안고 졸업한 것으로 알려졌습니다. 아인슈타인 의대는 예치된 기부금에서 나오는 이자 수입을 통해 학생 약 1,000명에게 등록금을 계속 지원할 예정이며, 재학생들은 봄학기에 기존에 냈던 등록금을 상환받게 됐습니다.

한편 무료 수업은 미래의 입학생과 지역사회 의료 환경에도 영향을 줄 것으로 기대됐습니다. 현재 이 학교 학부 학생의 절반은 백인, 11%는 히스패닉·라틴계이며 5%만이 흑인입니다. 이는 학교가 위치한 뉴욕 브롱크스 카운티 주민 대부분이 흑인이거나 히스패닉·라틴계라는 지역 상황과는 차이가 있는 부분입니다. 학생들은 이제 학교가 입학생을 다양화하고 지역사회에서 의사가 되길 희망하는 학생들에게 기회를 제공해야 한다고 강조했습니다. (후략)

출처: 하승연, MBN, 2024.2.29.

에필로그

국가의 주인은 국민, 국민이 행복한 나라를 만들어 가자

60여 년 사업가로서 살아오는 동안 나를 지탱해 준 인생철학은 '조물주 소명론'이다. 제1부에서 잠깐 언급했다시피, 어린 시절 전쟁통에 방황을 하다가 극단적 선택을 시도했고, 그것을 극복하면서 터득하게 된 자연법칙 같은 것이다.

원리는 이렇다. 우주에는 60억 명에 달하는 지구상의 사람들에게 나누어 줄 수 있는 무한한 에너지가 존재한다. 세상 만물을 주관하는 조물주造物主는 한계에 도전하려는 사람에게 이 에너지를 더 많이 나누어 준다. 어렵고 힘든 일을 겪게 될 때 그것을 피하지 않고 극복하려는 사람에게는 우주의 이 에너지가 더 많이 모여든다는 것이다. 또한 하나의 성취를 하게 되면 더 좋은 기회가 찾아온다. 가속의 원리라고나 할까?

예를 들어 조지 워싱턴이 미국을 건국할 때 강대국인 영국, 프랑스와의 전쟁에서 이김으로써 미국이 탄생할 수 있는 에너지를 받았고, 링컨이나 루스벨트, 트루먼 같은 대통령이 나와 미국을 세계적인 강대국으로 성장하게 한 것도 이 에너지 법칙이 작용한 것이라고 본다.

우주에는 일정한 법칙이 존재한다고 생각한다. 내가 생각하는 법칙은 대략 일곱 가지 정도인데, 정리해 보면 다음과 같다.

첫째, 우주에는 변화의 법칙이 작동한다. 우주의 에너지는 늘 변한다. 만물은 계속 변한다는 원리이다. 둘째, 우주 전체의 에너지는 진동의 법칙에 따라 서로 끌어당기거나 서로 밀어낸다. 사물과 사물 사이도 마찬가지이고, 생각과 감정에도 에너지 법칙이 작동한다. 긍정적인 생각을 하면 부정적인 생각을 밀어낸다. 셋째, 세상 만물에는 서로의 관계에서 기인하는 상대성의 법칙이 있다. 넷째, 양극의 법칙이 있다. 실패가 없다면 성공을 알기 어렵다. 위기가 오면 기회도 반드시 따라 온다. 다섯째, 리듬의 법칙이 있다. 우주의 에너지는 시계추처럼 좌우로 움직인다. 훌륭한 리더는 승리하고 있을 때 실패를 예측하면서 우주의 법칙을 활용할 줄 알아야 한다. 여섯째, 인과의 법칙이 있다. 세상에 우연히 일어나는 일은 없다. 일곱째, 발생의 법칙이 있다. 남성과 여성의 결합, 음과 양의 결합은 새로운 존재를 탄생시킨다. 또한 믿음이나 신념이 생기면 이를 놓치지 말아야 한다. 믿음과 신념은 사람들이 바라는 인생을 가꾸어 갈 수 있도록 하는 은인이다. 새 날이 열리면 믿음을 갖고 준비하면서 기회를 기다려라.

나의 조물주론은 이러한 법칙 속에서 조물주가 우주를 운영한다고 보는 것이다. 이 조물주가 지구상 60억 인구에게 각기 다른 소명을 부여했다. 그렇기 때문에 우리도 사람이나 사물을 볼 때 모두 다르다고 보고 다르게 대해야 한다. 가치 있는, 상위의 것을 생각할 수 있어야 한다. 신중하고 최선을 다해야 한다. 그리하면 우주의 에너지가 모여들고 성취의 기회가 찾아온다. 이것이 조물주론의 원리이다.

나는 이 조물주론을 바탕으로 선택하고 행동해서 실로 많은 것을 얻었다. 그러나 너무 많은 것을 얻다 보니 자만에 빠져서 조물주가 내게 준 그릇이 넘치는 것도 알아채지 못하고 말았다. 지록위마指鹿爲馬란 말이 있다. 세상 모두가 사슴을 보고 말이라고 했어도 나는 그것이 사슴임을 알아챘어야 했다. 간언諫言에도 귀를 기울여야 했으나 기분에 취해, 자만에 빠져 그러하지 못했다. 이렇게 통찰력을 잃은 대가로 나는 조물주로부터 큰 형벌 두 가지를 받았다고 생각한다. 사업적으로는 부림개발(주) 인수 건이었고, 사적으로는 가족과의 소통 부재였다.

조물주는 소명을 깨닫지 못하는 사람들에게 적절한 신호를 준다. 고난의 과정이다. 하느님이 모세를 보내서 인간들에게 '사랑'의 중요성을 깨우쳐 주려 했는데, 이것이 실패로 돌아가자 예수를 보내서 처절하게 죽음에 이르는 과정을 다시 보여 준 것처럼 말이다. 임진왜란 때 조선 조정이 정신을 못 차리는 걸 보고 이순신을 파직시켰다가 유성룡을 통해 다시 재기하게 함으로써 나라를 지키게 한 것도 조물주의 법칙이 작동한 것으로 볼 수 있다.

사람들은 성공한 것은 다 기억한다, 아니 기억하려고 한다. 실패한 것은 감추려고 한다, 아니 미화하려고 한다. 이것이 인지상정이다. 그렇지만 나는 다른 길을 택했다. 내 후손들이 나와 유사한 실패를 겪지 않게 하기 위해 실패의 역사를 기록해 두어야겠다고 마음먹었다. 안타깝게도 나이가 들어 기억이 온전치 못했다. 그래도 멈추지 않고 그때의 일들을 있는 그대로 소환하여 보여주려고 노력했다. 그것이 이 책의 제1~4부이다.

그리고 제5부에서는 국가적 차원의 리더십에 대해 평소에 가지고 있던 생각을 정리해 보았다. 인간은 불완전하다. 그렇기 때문에 완전해지기 위해 노력해야 한다. 특히 정치인, 고위 공직자, 기업인 같은 상위 권력자들은 국가와 사회가 안전하고 행복할 수 있도록 더욱 노력해야 한다. 그리고 국가의 주인인 국민 또한 내 국가가 제대로 운영될 수 있도록 노력해야 한다. 내가 생각하는 그 노력은 다음의 네 가지이다.

첫째, 권력자는 부정부패, 부정선거, 정경유착을 하지 말자.
둘째, 정치인은 계파 정치를 하지 말자.
셋째, 기업과 기업인은 기부를 많이 하자.
넷째, 국민은 헌법에 보장된 권리를 행사하자.

첫째, 상위 권력자들은 부정부패, 부정선거, 정경유착을 하지 말자는 것이다. 이러한 사회악은 사심에서 시작되므로 사심을 버리자는 말과도 통한다. 그리고 부정부패, 부정선거,

정경유착의 전력이 있는 자가 있다면 정치계에서, 관료집단에서 완전히 퇴출시키는 시스템을 만들자. 그래야 국민의 신뢰를 회복할 수 있다.

둘째, 정치인은 계파(패거리) 정치를 하지 말자는 것이다. 계파 정치는 필연적으로 자금이 필요하므로 정경유착의 유혹에 노출될 수밖에 없다. 정당이란 원래 이념을 매개로 형성되어야 하는데, 계파 정치를 하게 되면 돈을 매개로 정당이 만들어지고, 운영되는 꼴이 된다. 정치를 할 때 돈 안 드는 시스템을 만들어 가야 한다. 계파 정치를 청산하고, 합법적인 정치후원금 제도를 활성화해야 한다. 법치주의라는 칼로 정경유착의 고리를 끊어야 한다.

이와 함께 정치인과 고위 공직자들이 정치와 행정에 전념할 수 있게 일정한 소득을 보장해 주는 제도를 만들어야 한다. 국가 예산이 부족하다면 기업들이 공식적인 기금을 조성하고 국가가 이를 집행하는 시스템을 만들어 운영하는 방법도 생각해 볼 만하다. 이런 환경이 조성되면 정치인과 고위 공직자들이 먹고사는 문제에서 벗어나 그야말로 불편부당하고 정의로운 의사결정을 내릴 수 있을 것이다.

셋째, 기업과 기업인들은 기부를 많이 하자는 것이다. 이 말은 앞서 언급한 것처럼 기업인의 청렴성과 관련이 있다. 자기 돈이 아니라면 원주인에게 돌려주어야 한다는 말이다. 국가의 보호 아래 유지되는 시장에서 경제활동을 통해 상품을 생산하고 소비하도록 하여 축적한 이윤을 기업이 가져가는 것이 시장경제 체제이다. 이때 기업인들이 세금 내고 남은 이윤이 모두 자기 몫이라고 생각하면 안 된다. 시장이 있었기 때문에, 그 시장에서 상품을 산 소비자가 있었기 때문에 돈을 번 것이다.

따라서 이윤의 많은 부분을 소비자에게 다시 환원시키는 게 마땅하다. 다만, 소비자를 특정하기 어려우니 다양한 프로그램을 만들어서, 특히 어려움에 처한 공동체에 기부하는 것이 바로 기업인이 청렴을 실천하는 것이라고 생각한다. 이를 권장하기 위해서는 국가가 세제 혜택 등 다양한 지원제도를 만들어야 할 것이다. 그러나 무엇보다도 기업인 자신이 스스로 우러나서 자발적으로 하는 것이 가장 바람직할 것이다.

"사촌이 땅을 사면 배가 아프다."라는 속담이 있다. 가난은 참을 수 있어도 남 잘되는 꼴은 못 본다는 심리가 깔려 있다. 이러한 시기심에 동의하는 국민이 20%가 넘는다는 통계도 있었다. 시기심은 누구에게나 있다. 다만, 이것이 적대적이 되면 공동체가 위험해질 수 있기 때문에 이를 해소하는 방안을 생각해야 한다.

1995년만 해도 우리나라는 소득 상위 10%의 국가 전체 소득 점유율이 32%에 불과했다. 복지 선진국인 북유럽 국가들의 28%에 비하여 큰 차이가 없었다. 그러다 1997년 외환위기를 타개하는 과정에서 승자독식 체제가 구조화되면서 경제적 불평등이 심화되었고, 2022년에는 46.5%에 이르렀다. 물론 법과 제도로서 국가가 이를 완화해 가야 하지만, 나는 기업과 기업인들이 보다 적극적으로 나서 달라고 부탁하고 싶다. 아니 읍소하고 싶다.

넷째, 국민은 헌법에 보장된 권리를 적극적으로 행사하자는 것이다. 법치국가인 대한민국에서 나라의 주인은 국민이다. 국민의 권리와 의무는 헌법에 잘 적시가 되어 있다. 그런데 대부분 의무만 알고 그것을 제대로 실천하지 못한 것을 미안해하는 국민들이 많다. 나이가 많은 국민들일수록 더 그렇다. 하지만 이제는 그러지 않았으면 좋겠다. 권리를 적극적으로 행사하고 국가와 사회 지도층에 요구할 것은 당당하게 요구하는 국민이었으면 좋겠다. 정치인과 고위 공직자, 기업인들이 청렴하지 못하고 부패하고 타락하면 응징할 줄 아는, 그런 국민이 되어야 국가와 사회를 지킬 수 있다는 말이다.

　국민이 헌법적 권리를 행사하는 방법 중 가장 비중이 있는 것은 투표권이다. 투표는 정경유착과 부정부패를 심판하는 날카로운 검이자, 우리나라의 찬란한 미래를 위한 나침반이라 할 수 있다. 집주인이 주인 역할을 하지 않으면 그 집안은 망할 수밖에 없다. 국가도 마찬가지이다. 국가의 유일한 주인이 국민인데 투표와 같은 권리를 행사하지 않고 이를 포기한다는 것은 주인이기를 포기한 것이고, 그러한 국가는 망할 수밖에 없다. 나라를 망하게 방치할 것인지, 승승장구하게 할 것인지는 오롯이 국민의 손에 달려 있다는 말이다.

　이 밖에도 헌법과 각종 법률에 보장된 국민의 권리가 많다. 헌법 제10조는 "모든 국민은 인간으로서의 존엄과 가치를 가지며, 행복을 추구할 권리를 가진다. 국가는 개인이 가지는 불가침의 기본적 인권을 확인하고 이를 보장할 의무를 진다."라고 규정하여 국민의 권리와 국가의 의무를 명시하고 있다. 그러나 국가는 예산과 인원에서 한계가 있으므로 이러한 권리들을 다 알아서 시행해 주지를 않는다. 따라서 국민들이 적극적으로 정치와 행정에 개입할 필요가 있다고 본다. 자신이 속한 공동체에서 불합리하고 부조리한 법과 제도, 관행들이 있다면 이를 개선하려는 의지와 행동이 있어야 한다. 요즈음 국민청원제도를 많이 활용하고 있다. 하지만 혼자 목소리를 내기는 어렵기 때문에 개인 간의 연대나 시민단체를 통해서 하는 방법도 시도해 볼 필요가 있다고 본다.

작가 헨리 데이비드 소로는 "인생은 좋은 풍경을 기다리는 것보다, 스스로 좋은 풍경이 되는 것이 중요하다."라고 말했다. 성찰에 그치지 말고 실천을 해보라는 뜻이다.

인본주의는 사람을 근본으로 두는 사상이고, 자본주의는 돈을 중심에 두는 사상이다. 따라서 자본주의 체제하에서는 돈을 잘 다스리는 것이 정치와 경제 체제의 성패를 가름한다. 특히 정경유착 같은 권력자들 간의 불법적 거래나 경제적 불평등을 심화시키는 구조적인 문제들을 예방하고 감시하고 개선하는 노력들이 필요하다. 이러한 노력들이 사회 도처에서 활발해질 때 국민 모두가 좀 더 안전하고 행복해질 수 있으며, 우리 사회와 국가의 지속가능성이 점차 높아질 것이다.

지은이 연보

1936	6월 14일, 김해 장유면 내덕리에서 1녀 7남 중 막내로 출생. 3월에 부친 金璘斗 타계(향년 38세).
1943	장유초등학교 입학, 모친 타계(향년 46세).
1950	3월, 부산 경남공업중학교 입학, 6월 한국전쟁 발발, 7월 귀향.
1951	명지중학교 입학, 정신적 방황기 겪음.
1954	김해농업고등학교 입학, 학생 대표 활동.
1957	독감으로 고려대 입학 무산, 부산 동아대학교 입학.
1959	부산대학교 법학과 3학년 편입, 고시 공부, 맨홀에 빠지는 사건 경험.
1961	부산대학교 졸업.
1963	김택수 국회의원 보좌관으로 서울 입성.
1966	대한주택공사 입사. 연세대 경영대학원 수학.
1968	대한주택공사 퇴사, 한일카피트판매주식회사 창업.
1972	가락회 결성(후일 김해 향우회로 확대).
1981	동방운수창고(주) 인수.
1985	고향 장유면 내덕리 공회당 준공, 국제방직(주) 인수.
1987	동방금속공업(주) 설립.
1988	(주)동방 한국증권거래소에 상장, 한국항만운송협회 회장 취임 (1999년 퇴임), 인산장학문화재단 설립.

1989	대세관광(주) 설립.
1990	동방그룹 출범, 동방금속 1천만 불 수출탑 및 국무총리 표창 수상.
1992	심양동방방직유한공사 창설, 동방금속 5천만 불 수출탑 및 대통령 표창, 제1회 물류인 대상 수상.
1993	동방그룹 비전 선포, 국제방직(주)를 동방방직(주)로 사명 변경.
1994	부림개발(주) 인수, (주)동방국제운송 및 동해항업(주) 창립.
1995	마포 사옥 준공.
1996	동방금속 1억불 수출탑 수상.
1997	동방마트 1호점 개점.
1998	동방 3사 워크아웃 돌입, 마포 사옥 매각.
2000	동방금속공업(주) 및 (주)동방 워크아웃 졸업.
2002	(주)동방 원전 건설 참여.
2004	동방생활산업(주) 워크아웃 졸업, (주)동방 대단위 풍력발전사업 참여 시작.
2014	김해김씨 삼현파 내덕문중 선영 조성.
2016	(주)동방 해상풍력발전사업 진출.
2023	인산장학문화재단 기금 100억 원 조성.

참고자료

도서

기 소르망, 김정은 옮김. 『자본주의 종말과 새 세기』. 한국경제신문사. 1995.
김병도. 『서울대 석학이 알려주는 자녀교육법』. 서울대학교출판문화원. 2023.
박종현. 『케인즈 & 하이에크: 시장경제를 위한 진실게임』. 김영사. 2008.
서경원. 『Basic 고교생을 위한 정치경제 용어사전』. 신원문화사. 2002.
소포클레스, 장시은 번역. 『오이디푸스왕 외』. 열린책들. 2023.
안광복. 『처음 읽는 서양 철학사』. 어크로스. 2017.
유영익. 『이승만의 삶과 꿈』. 중앙일보사. 1996.
이호. 『하나님의 기적 대한민국 건국』. 자유인의 숲. 2020.
주교회의 성서위원회. 『성경』. 한국천주교중앙협의회. 2005.
칼 폴라니, 홍기빈 옮김. 『거대한 전환: 우리 시대의 정치·경제적 기원』. 도서출판 길. 2009.
키케로, 천병희 옮김. 『노년에 관하여 우정에 관하여』. 도서출판 숲. 2011.
프리드리히 A. 하이에크, 김이석 옮김. 『노예의 길: 사회주의 계획경제의 진실』. 자유기업원. 2018.
피터 마셜, 이재만 옮김. 『종교개혁』. 교유서가. 2016.

언론보도

강주희. "쌍특검법, 본회의 재투표서 정족수 미달로 부결 … 자동폐기", 뉴시스. 2024. 2. 29.

김규식. "기자·작가·장서가 … 日대표 지식인 다치바나 타게", 매일경제. 2021. 6. 23.

김미나. "조국 '난 자유주의자, 동시에 사회주의자' … 김진태와 사상 공방", 한겨레. 2019. 9. 6.

김보라. "노블리스 오블리주의 마법 … 100년 먹고 살 문화예술 도시를 만든 사람들", 한국경제신문. 2024. 2. 25.

김아진, 원선우. "文, 5번째 현충일 추념사에서도 北 언급 없었다", 조선일보. 2021. 6. 7.

김정우. "되돌아보는 1994년 한반도 전쟁 위기", VOA. 2017. 4. 10.

박동휘. "수출로 먹고사는 한국의 해운업 홀대", 한국경제. 2024. 2. 29.

신재희. "매각협상 결렬 HMM 오너 공백 장기화, 해운산업 불확실성 확대에 부담 커져", 비즈니스 포스트. 2024. 2. 7.

안경환. "세기의 인물 호찌민의 리더십", 아주경제. 2020. 5. 12.

오창규. "이미륵과 에르하르트, 그리고 곤노", 문화일보. 2006. 12. 12.

유창근. "초유의 한진해운 사태 수습 … '숨 가빴던 나날들'", 한국경제. 2023. 5. 25.

윤기은. "한국 국가청렴도 7년 만에 순위 하락 … 세계 32위", 경향신문. 2024. 1. 30.

이승구. "종교개혁은 왜 일어났는가?", 뉴스파워. 2017. 2. 16.

이영섭, 권희원. "양승태 무죄 배경엔… 법정서 줄줄이 바뀐 판사들의 진술", 연합뉴스. 2024. 2. 2.
이예름. "기부문화·기업승계 활성화… 상증세법·공정거래법이 막는다", 국세신문. 2024. 1. 29.
이혜진. "방 2칸 임대주택서 숨진 11조원 부호, 13년간 숨겼던 비밀", 조선일보. 2023. 10. 15.
정재우. "'등록금이 공짜!!' 터진 함성… 1조원대 '통큰 쾌척' 누구길래?", JTBC. 2024. 2. 28.
조우현. "'김원봉 추켜세우기'… 문재인 정부 역사전쟁 일면", 미디어펜. 2019. 6. 19.
하승연. "美 의대에 1조 기부금…'감격, 인생 바뀌었다'", MBN. 2024. 2. 29.
황우선. "대한민국 중화학공업 50주년, 그리고 그 중심 故 오원철 수석", 산업인뉴스. 2024. 3. 16.

웹 사이트

나무위키. "경주 최씨". 검색일: 2024. 3. 17.
_____. "이승만/긍정적 평가". 검색일: 2024. 3. 11.
_____. "종교개혁". 검색일: 2024. 3. 1.
_____. "중공업". 검색일: 2024. 3. 17.
_____. "햇볕정책". 검색일: 2024. 3. 17.
내일에듀. "[신라의 삼국통일] 시간 순으로 알아보기 나당전쟁". 2021. 9. 29.
네이버 지식백과, 하웅백, 『창악집성』, 2011. 7. 4.

드래곤볼쌤. "흥선 대원군의 생애 및 명성황후와의 대립". 네이버 블로그. 2022. 11. 27.

미국 국무부. "미국의 정부와 정치 : 미국의 개관". 2004.

위키백과. "다나카 가쿠에이". 검색일: 2024. 3. 2.

_____. "박정희". 검색일: 2024. 3. 17.

이명재. "주체사상", 북한문학사전. 네이버 지식백과 재인용. 국학자료원. 1995.

초등 역사 교사 모임. "혼란스러워진 로마", 처음 세계사 2-통일 제국의 형성과 세계 종교의 탄생. 네이버 지식백과 재인용. 2014.

표정훈. 인물세계사. 네이버 지식백과. 2009.

한림학사. "부패지수", 통합논술 개념어 사전. 2007.

김용대,
나이 90에 나라와 후대를 걱정하다

초판 1쇄 발행   2024년 11월 15일

지은이   김 용 대
펴낸이   주 혜 숙
펴낸곳   역사공간
등록   2003년 7월 22일 제6-510호
주소   04000 서울특별시 마포구 동교로 19길 52-7 PS빌딩 4층
전화   02-725-8806
팩스   02-725-8801
이메일   jhs8807@hanmail.net

ISBN   979-11-5707-212-5 03810

• 도서 판매 수익금은 인산장학문화재단에 기부합니다.